Inhaltsverzeichnis

Dank an meine geistigen Lehrer

Vorwort

- Wirkungsweise und Ziel der Bildmeditation -

Wie aus der Psychologie bekannt ist, wirken Farben und Bilder stark auf die Psyche und das Unterbewußtsein ein. In den Tiefen unseres Bewußtseins finden wir eine Bilderwelt voller komplexer Symbole und Archetypen, deren Bilder uns allenfalls dann einmal bewußt werden, wenn uns ein Traum im Gedächtnis bleibt.

Diese Bildwelt, die wir verborgen in uns tragen, wirkt sich stärker auf uns aus, als wir wahrnehmen - ein Mechanismus, dessen sich beispielsweise die Werbung bedient, um uns zu beeinflussen oder subtil zu stimulieren.

Die Funktion dieser Bildmeditationen besteht darin, selbst ausgewählte Bilder und Symbole tief in uns aufzunehmen und dadurch dem Unterbewußtsein, dem Astral- und Mentalkörper Impulse zu vermitteln, die uns harmonisieren, Energie aktivieren, uns zu heilen vermögen und das Bewußtsein erheben und erweitern.

Den praktischen Übungen geht eine stichwortartige, kurze Beschreibung ihrer Inhalte voraus, welche die wichtigsten Informationen zusammenfaßt und einige Zusammenhänge erläutert.

Die angeführten Übungen und Bildmeditationen sind in einer Reihenfolge zusammengestellt, die mit Techniken zur körperlichen Entspannung sowie vitalisierenden Atemübungen beginnt, es folgen Bildmeditationen, die heilend oder harmonisierend wirken, bis hin zur Aktivierung des mentalen Bereichs der "Bewußtseinserweiterung" und Meditation.

Auf diese Weise führen die Übungen und Meditationen schließlich zur ursprünglichen Form der Meditation, in der wir in tiefer Stille und Klarheit nach der Erfahrung des Höchsten, des absoluten Seins und der reinen Liebe - nach dem Göttlichen - streben.

Information
zu psychischen
und feinstofflichen
Zusammenhängen

Die feinstofflichen Körper

Die Meditationen sind je nach ihrer Wirkungsweise in verschiedene Kategorien eingeordnet, die im folgenden kurz erläutert werden.

Betrachten wir einmal die feinstofflichen Körper, beziehungsweise die Ebenen, aus denen wir bestehen - zunächst den Ätherkörper.

Der Ätherkörper besteht aus leuchtender Vitalenergie und sorgt für die Vitalität und Gesundheit des physischen Körpers. Er durchdringt alle Körperzellen, versorgt sie mit dieser vitalen Energie (auch "Prana" genannt) und bildet eine Schutzhülle aus leuchtender Lebenskraft, die sich ca. 2 - 3 cm über den physischen Körper hinaus ausdehnt.

Der Astralkörper - die Wesensebene der Gefühle, Wünsche und Triebe - dehnt sich etwas weiter aus und seine Beschaffenheit, Größe und Farbigkeit ist je nach Temperament und Charakter sehr unterschiedlich. Hierbei handelt es sich um die "Gefühlspersönlichkeit", wobei der jeweilige Zustand des Astralkörpers, der durch Gefühle wie Freude, Liebe, Aggressionen, Ängste sowie durch Wünsche und Begierden geprägt ist, den inneren Zustand - die Stimmung oder Laune - erzeugt. Dabei bewirkt natürlich jede Empfindung wiederum eine Veränderung des Astralkörpers und beeinflußt das Befinden, den emotionalen Zustand.

Die meisten unserer Gefühlsregungen finden ihren Ursprung im gedanklichen Bereich, dem Mentalkörper, welcher den Astralkörper überragt. Der Mentalkörper entspricht der Gedankensphäre, der mentalen Aktivität, der Konzentrationsfähigkeit, dem Intellekt und dem Gedächtnis. Wissen, Fähigkeiten und Kenntnisse sind im Mentalbereich archiviert, darüberhinaus bildet der Mentalkörper sozusagen die Empfangsstation der Intuition und Inspiration. Je nach Art der geistigen Betätigung und Entwicklung ist die Mentalsphäre leuchtend hell, klar und weit nach oben ausgedehnt oder getrübt, eng und "niedrig".

Der Kausalkörper besitzt keine "Form" oder "Größe" im herkömmlichen Sinne, sondern entspricht unserem innersten bewußten Sein, der Seelenebene, beziehungsweise unserem geistigen Zentrum, welches den materiellen Raum-Zeit-Gesetzmäßigkeiten nicht unterliegt. Der Kausalkörper besteht aus strahlendem Licht und ist beseelt von großer geistiger Kraft, Weisheit, Inspiration und Liebe. Diese Ebene können wir auch als unser "göttliches Selbst" bezeichnen, auf das wir uns in tiefer Meditation einzustimmen versuchen, um uns bewußter mit diesem innersten geistigen Wesensaspekt zu verbinden. Die Qualität des Kausalkörpers ist bei jedem Menschen gleich, unterschiedlich ist nur die Intensität der Verbindung, die zwischen einer Persönlichkeit und ihrer kausalen Ebene besteht.

Auswirkung der Ernährung auf die feinstofflichen Körper

Mit der Nahrung nehmen wir nicht nur physiologisch wichtige Nährstoffe auf, sondern auch die feinstofflichen Energien des Nahrungsmittels, also sozusagen "feinstoffliche Nährstoffe" und eventuell "feinstoffliche Schadstoffe".

Durch sonnengereifte Früchte oder z.B. Honig nehmen wir die lebensspendende Kraft der Sonne auf sehr direktem Wege in uns auf. Milch und Milchprodukte verbinden uns beispielsweise mit dem weiblichen, mütterlichen Aspekt, den die Kuh darstellt; essen wir Gemüse, das unter der Erde gewachsen ist, so wird der Vitalkörper mit erdiger Energie gestärkt.

Es erübrigt sich eigentlich zu erwähnen, daß man dem Körper weder durch Buttercremetorte noch durch Spaghetti wertvolle feinstoffliche Energie zuführt (was allerdings nicht zu Ernährungsdogmen führen sollte).

Fleisch sollte hingegen strikt gemieden werden, da es nicht nur die Ausstrahlung des "Tierhaften" enthält, sondern darüber hinaus auch die Erfahrungen und Empfindungen dieses Tieres, also auch dessen Todesangst und den Schmerz bei der Schlachtung. Diese Schwingung von Leid und Angst wird mit jedem Stück Fleisch absorbiert, was sicherlich nicht zur inneren Ausgeglichenheit beiträgt.

Grundsätzlich wirkt eine warme, deftige und fetthaltige Mahlzeit stärkend auf den physischen Körper und stabilisierend auf das Nervensystem, die feinstofflichen Körper werden "geerdet".

Frische Gemüse, Milch und Milchprodukte, Getreide, Salat, Früchte und Nüsse vitalisieren den Ätherkörper, wirken ausgleichend auf den astralen (emotionalen) Bereich und inspirierend auf den Mentalbereich.

Der Mentalkörper und die Kopf-Chakren erfahren eine Energiezufuhr durch Heilfasten oder Entschlackungskuren, diese wirken reinigend und setzen die im physiologischen Verdauungsprozeß eingebundene ätherische Energie frei, so daß diese Energie aufzusteigen vermag.

Die Art der Ernährung, die für Dich besonders vorteilhaft ist, findest Du am einfachsten heraus, indem Du Dich einmal für Nahrungsmittel sensibilisierst; Dein intuitives Gefühl wird Dir vermitteln, welche feinstofflichen Energien Du über die Nahrung benötigst.

Obwohl Reizstoffe wie beispielsweise Alkohol oder Kaffee das Nervensystem reizen und innere Spannungen verstärken können, sollte man sich ohne erstarrte Prinzipien ernähren, denn Intoleranz oder Fanatismus haben auf feinstofflicher Ebene negativere Auswirkungen als der Konsum von Genußmitteln.

Die Chakren

"Chakra" ist ein Sanskritwort und bedeutet "Rad". Die sieben Hauptchakren des Menschen sind wirbelartige Energiezentren, Öffnungen an der Oberfläche des Ätherkörpers. Sie gewährleisten den Energietransfer zwischen den grobstofflichen und den feinstofflichen Körpern.

Chakra-Tabelle I

Chakra	feinstoffliche Ebene	organische Entsprechung	Element	Farbe
Scheitel-Chakra	Kausalkörper, göttliches Selbst	Gehirn, Epiphyse	Geist; reines Bewußtsein	Violett
Stirn-Chakra	Mentalkörper	Gehirn, Gesichtssinne	Licht Ratio	Blau
Hals-Chakra	Verbindung von Mental- und Astralkörper	Stimmbänder, Kehlkopf, Schilddrüse	Äther Ton/Klang Kunst	Licht-grün
Herz-Chakra	höherer Astralkörper	Herz, Kreislauf, Thymusdrüse, Lunge	Luft	Türkis
Bauch-Chakra	Astralkörper	Solar Plexus/ Nervensystem, Magen, Pankreas, Leber, Galle, Nieren, Zwerchfell	Feuer	Gelb
Sakral-Chakra	Ätherkörper	Immunsystem, Milz, Geschlechtsorgane, Darm	Wasser	Orange
Basis-Chakra	Ätherkörper	Muskeln, Knochen, Haut	Erde, Materie, Schwerkraft	Rot

16

Chakra-Tabelle II

Chakra		Eigenschaft/Qualität (pos./neg.)
Scheitel	+	Geist, kosmische Energie, Inspiration, Genius, Transzendenz, Idealismus, Spiritualität, Intuition, geistige Kraft, Urteilsvermögen, Weisheit
	-	Wahnideen, Größenwahn
Stirn	+	Intellekt, Intelligenz, Verstand, Vernunft, Logik, Rationalität, mentale Energie, Konzentration, Denkvermögen, Identitätsgefühl, Selbstbewußtsein, Wille, Führungskraft, Toleranz, Kritikfähigkeit, Selbstkritik, Selbstkontrolle
	-	Eitelkeit, Egozentrik, Machthunger, Überheblichkeit
Hals	+	Ausdrucksvermögen, Stimme, Sprache, Selbstbehauptung, Selbstverantwortung, Kommunikation, Kontaktfähigkeit, Kreativität
	-	Hemmungen, Schüchternheit, Ängstlichkeit
Herz	+	Liebe, Mitgefühl, Mitleid, Sympathie/Antipathie, Verständnis, Güte, Geben/Nehmen, Wärme, Herzlichkeit, Heilungskraft, Lebensfreude, Schönheitsempfinden, Glücksgefühl
	-	Wehmut, Trauer, Verschlossenheit, Neid, Geiz, Kälte, Haß, Depression, Todessehnsucht

Bauch	+	Aktivität, Temperament, Dynamik, Heiterkeit, Harmonie, Frieden, Wohlbefinden, Entspannung, Regeneration
	-	Emotionalität, Hysterie, nervöse Störungen, Unruhe, Verspannung, Gereiztheit, Ärger, Habgier, Unzufriedenheit, Appetit, Sucht
Sakral	+	Tatendrang, Aktivität, Männlichkeit/Weiblichkeit, Sexualität, Elan, Mut
	-	Lethargie, Erschöpfung, Perversion, Aggression
Basis	+	Vitalität, Kraft, Stabilität, Gesundheit, körperliche Leistungsfähigkeit, Ausdauer, Lebensenergie, Sportlichkeit, Realitätssinn, "Erdung"
	-	Schwäche, Unsicherheit, fehlender Realitätssinn; Materialismus

Besondere Bedeutung und Funktion des Herz-Chakras

Dem Herz-Chakra kommt eine Schlüsselposition zu, denn der Bewußtseinszustand und der Grad der Vitalität und Lebensfreude hängt ganz wesentlich von der eigenen Toleranz und Liebesfähigkeit ab.

Zur Verdeutlichung zwei überzeichnete Beispiele: Stelle Dir den Typus des verschlossenen, selbstsüchtigen und habgierigen Menschen vor, den "Ellenbogenmenschen", der rücksichtslos seine Interessen durchsetzt und nach persönlicher Macht und Überlegenheit strebt. Dieser Typus verkörpert den Bewußtseinszustand der Egozentrik, Dominanz, Gier und Aggression. In diesem Zustand besteht wenig Verbindung zu positiven Lebensqualitäten in Form von Lebensfreude, Heiterkeit, innerer Ruhe und Wohlbefinden. Ist das Bewußtsein in solcher Weise begrenzt, kann dies Störungen in Form organischer Erkrankungen zur Folge haben, beispielsweise Probleme im Bereich des Herzens, des Magens oder der Galle, auch können Suchtverhaltensweisen, Depressionen oder ständige Überreiztheit auftreten. In jedem Fall befindet sich die innere Welt eines solchen Menschen in Disharmonie oder Stumpfheit, denn obwohl die Energien scheinbar in das eigene Wohlergehen investiert werden, ist der freie Energiefluß des Lebens blockiert. Das Grundprinzip des Lebens, - der Austausch, das freie Fließen der Energie, das Geben und Nehmen, sowie die nährende, heilende Kraft der Liebe - wird unterdrückt.

Das Gegenbeispiel hierzu würde der Typus des liebevollen Menschen bilden, der hilfsbereit und verständnisvoll reagiert, sich am Erfolg eines anderen zu erfreuen vermag und seine Persönlichkeit auch zurückstellen und dem Dienst an einer Sache unterordnen kann. Ist die Gefühlswelt und das Bewußtsein frei von der negativen Energie der Abneigung oder Aversion, frei von der Begrenzung durch Eifersucht, Neid oder Habgier, vermag man innerlich loszulassen und im Innersten frei zu sein. Die ganze Persönlichkeit taucht ein in den Strom der Lebensenergie, in ein Gefühl der Weite und des inneren Friedens. Auf der feinstofflichen Ebene befindet sich das Herz-Chakra dann im Zustand der Offenheit, es leuchtet und strahlt Wärme aus, der Astralbereich ist von Harmonie und Zufriedenheit erfüllt und dadurch ist es dem Mentalkörper möglich, frei, klar, wach und beweglich zu sein.

Um mit Hilfe meditativer Übungen auf eine solche Harmonisierung der Denk- und Gefühlsgewohnheiten hinzuarbeiten, sind im Anschluß an die Chakra-Übungen einige Herz-Chakra-Übungen angefügt. Sie vermögen die Gedanken und Gefühle positiver einzustimmen und dabei zu helfen, sich von innerem "Ballast" (z.B. Antipathien oder Aggressionen) und Begrenzungen zu lösen.

Heilkraft und Wirkung der Farben auf die Chakren

Farben vermögen eine starke, stimulierende oder heilende Wirkung auf das psychische und physische Befinden auszuüben, die beispielsweise in der Chromotherapie, der farbigen Raumgestaltung, in der Werbung und dem Produktdesign Anwendung findet. Hier eine Übersicht:

Farb-Tabelle

Farbe	Qualität
Rot	Energie, Kraft, Mut
Orange	Freude, Vitalität
Gelb	Wärme, Gelassenheit, Leichtigkeit, Heiterkeit
Grün	Heilung, Linderung, Beruhigung
Türkis	Erfrischung, Reinheit, Kühle
Blau	Weite, Freiheit, Klarheit; wacher, ruhiger Bewußtseinszustand
Violett	tiefe geistige Entspannung und Klarheit, Seelenfrieden

Zur Verdeutlichung einige praktische Visualisierungsbeispiele:

Bei physischer Erschöpfung, Lethargie oder Schwäche hilft die Visualisierung kraftvollen, roten Lichts oder Feuers, das die Beine und das Becken leuchtend durchwärmt. Dadurch wird das Basis-Chakra aktiviert, und neue Energien werden geweckt.

Die Visualisierung orangefarbenen Lichts auf Becken und Milz vitalisiert bei Mattigkeit und lichtet traurige Stimmung auf. Durch die Stimulation des Sakral-Chakras wird Tatendrang und Unternehmungsgeist gefördert.

Gelb wirkt warm und lösend auf den Solar Plexus und ist bei nervöser Spannung und Streß angenehm beruhigend und aufheiternd.

Die Bildvorstellung hellen, grünen Leuchtens wirkt harmonisierend auf die Gefühle und vermittelt ein Gefühl der Erleichterung, Befreiung und Heilung. Sonnendurchstrahltes Grün stimuliert das Herz-Chakra ebenso wie auch gold- oder rosafarbenes Leuchten. Bei Depressionen, Leid oder Einsamkeitsgefühlen empfiehlt es sich, einen rosafarbenen oder goldfarbenen Lichtstrahl zu visualisieren, der den Brustraum sanft und warm durchflutet.

Türkis stimuliert das Hals-Chakra und vermittelt darüberhinaus Kühlung, Reinigung und Klarheit, was sich bei Ärger und Aufregung sehr hilfreich auswirkt. Türkis vermittelt Leichtigkeit und Frische; besonders geeignet wäre in diesem Zusammenhang beispielsweise die Visualisierung eines türkisschimmernden Bergsees oder eines fließenden Gletscherbaches.

Blau vermittelt geistige Wachheit, Konzentration und ruhiges, klares Denken. Die Qualität von Blau entspricht der Empfindung luftiger Weite und Freiheit. Klärend und beruhigend auf den Gedankenbereich wirkt z.B. das Bild des weiten, strahlend blauen Himmels, über den eine weiße Wolke treibt, ihre Form verändert und sich schließlich im Himmelsblau auflöst.

Leuchtendes Violett ist die Farbe der Transzendenz, die das Bewußtsein erweitert und inspiriert. Violett vermittelt tiefen Seelenfrieden, einen wachen, klaren Geist, mystische Erfahrung und Intuition. Visualisiere dazu ein klares, violettes Leuchten, das den Kopf umstrahlt.

Spezielle Übungen der Farbharmonisierung findest Du im Praxisteil bei den Chakra-Meditationen.

Das männliche und weibliche Prinzip in der Persönlichkeit

In jedem Menschen befindet sich die Polarität der weiblichen (Yin) und der männlichen Energie (Yang).

Der weibliche Wesensaspekt enthält die Eigenschaften Liebe, Lebensfreude, Ästhetik, Intuition, Weisheit, Gefühl, Sensitivität, Phantasie und das Prinzip "Seele" - dies entspricht der rechten Hirnhälfte.

Dem männlichen Wesensaspekt sind die Eigenschaften Tatkraft, Aktivität, Kampfgeist, Mut, Intelligenz, Rationalität, Logik und das Prinzip "Geist" zugeordnet. Die physische Entsprechung findet sich in der linken Hirnhälfte.

Diese beiden Pole der Persönlichkeit können auf unterschiedliche Weise aus der Balance geraten, was häufig Disharmonie in der Partnerbeziehung oder generell in der Beziehung zum anderen Geschlecht nach sich zieht, die diese Unausgeglichenheit reflektiert.

Eine Frau beispielsweise, die mit sich selbst unzufrieden ist, sich kritisiert und sich minderwertig und unterlegen fühlt, wendet ihre mentale Energie, also ihren männlichen Wesensaspekt gegen ihr weibliches Selbst, ihr (Selbst-) Gefühl. In der Folge findet sich eine Frau mit diesem unterschwelligen Ungleichgewicht oft in einer Beziehung, in der sie unterdrückt wird. Sie fühlt sich unbewußt von Männern angezogen, die ihren eigenen weiblichen Wesensaspekt - beispielsweise Verständnis, Wärme oder Lebensfreude - unwissentlich ebenfalls unterdrücken, weil sie diese Qualitäten vielleicht geringschätzen oder als hinderlich erachten. Eine derartige Verdrängung des Weiblichen kann Verhärtung, Aggressivität, Unzufriedenheit und Engstirnigkeit zur Folge haben.

Um diese beiden Pole der Persönlichkeit in Einklang und Balance zu bringen, helfen spezielle Affirmationen, die Du aus dem Kapitel "Mentales Training" ableiten kannst, sowie die "Yin- und Yang-Bildmeditation".

Geistige Grundhaltung für innere Entspannung und Harmonie

Es besteht ein starkes Ineinanderwirken der gedanklichen und emotionalen Abläufe, denn sehr häufig entstehen Gefühle aus einem Gedankenablauf. So bestimmt zunächst die gedankliche Einstellung die Gefühlsentwicklung, sind aber die Gefühle erst einmal entstanden, lenken sie ihrerseits die Gedankentätigkeit und sind oftmals nur noch schwer unter Kontrolle zu bringen.

Betrachten wir einmal einige Beispiele zur Entstehung von Gefühlen:

Herr B. bemerkt den neuen Urlaubsplan, in den Kollege R. sich bereits eingetragen hat. In ihm beginnt ein gedanklicher Monolog: "Der ist dieses Jahr aber früh dran mit der Planung... anscheinend ziemlich bestrebt, als Erster seinen Urlaub festzulegen.. bestimmt zählt er wieder auf die Gutmütigkeit der anderen... woher nimmt er eigentlich das Recht dazu?... immer muß er seine Wünsche durchsetzen... eigentlich ist es eine Rücksichtslosigkeit... er ist einfach unkollegial und dreist...", und schon hat sich in Herrn B. das Gefühl vehementen Ärgers entwickelt.

Er hätte allerdings auch denken können: "Aha, Herr R. verreist wieder im August zur Ferienzeit... er ist natürlich wegen seiner Kinder gebunden... ein Glück, daß ich freier disponieren kann und nicht im Ferienrummel zu fahren brauche..." - und Herr B. fühlt sich weiterhin ausgeglichen.

Ein weiteres Beispiel, zum Thema Eifersucht. Ein Ehepaar verläßt morgens das Haus, um zur Arbeit zu fahren. Sie denkt: "Heute hat er sich aber gut angezogen... ob heute wieder die Kollegin auftaucht, die er beim letzten Betriebsfest so ausgiebig gemustert hat?... Weshalb sollte er sonst seinen schicken neuen Anzug anziehen... wer weiß, was sich da entwickelt...", und sie verbringt einen Tag voller Selbstzweifel und Eifersucht und kann sich kaum auf ihre Arbeit konzentrieren. Sie hätte stattdessen auch denken können: "Heute sieht er wirklich gut aus in seinem neuen Anzug... eigentlich habe ich ihn schon länger nicht mehr bewußt und aufmerksam wahrgenommen... vielleicht sollte ich einmal etwas Besonderes für heute abend planen...", und sie verbringt einen Tag im Gefühl der Vorfreude und der guten Laune.

So ist "die Welt, in der wir leben" ganz maßgeblich von der eigenen Denkweise geprägt - wenn wir "die Welt" einmal als den inneren Bewußtseinszustand (- gedanklich und emotional -), bzw. als die eigene Aura definieren.

Folglich bildet das Ineinanderwirken eines Gedankenablaufs und eines Gefühls einen wichtigen Ansatzpunkt, innere Harmonie nicht allein durch meditative Übungen herstellen zu wollen, sondern synchron dazu auch durch eine liebevolle und konstruktive Art des Denkens und Fühlens. Herrschen negative, intolerante oder allzu skeptische Gedanken vor, sollte man nicht erwarten, einzig durch Meditation einen dauerhaften Zustand der Lebensfreude und des inneren Friedens herstellen zu können. Dabei geht es selbstverständlich nicht darum, Mißstände zu ignorieren, die man beheben könnte oder Probleme zu verdrängen - wichtig ist nur, die Qualität der eigenen mentalen Energie, also die Art gedanklicher Ausrichtung auf ein Niveau zu bringen, welches mehr Energie, Klarheit und Lebensfreude mit sich bringt.

Dieser Zustand der Klarheit wird erreicht, wenn es gelingt, ausschließlich konstruktiv zu denken und negative Emotionen, falls sie dennoch einmal auftauchen sollten, so schnell wie möglich loszulassen, da sie sehr viel Energie absorbieren. Eine der wichtigsten Eigenschaften, die diese Klarheit und Harmonie fördert, ist Toleranz. Sie ermöglicht, innerlich Distanz zu Mißständen oder Problemverhaltensweisen einzunehmen, die man nicht zu beeinflussen vermag. Ein Mensch, der zweckorientiert, problemlösend und konstruktiv denkt und entsprechend großzügig reagiert, strahlt Offenheit und Ausgeglichenheit aus. Dadurch verbreitet er eine angenehme Atmosphäre und beeinflußt andere positiv.

In diesem Zusammenhang sei nochmals auf die Wirkung der bereits erwähnten Herz-Chakra-Übungen hingewiesen, die sich auf das Denken und Fühlen sehr günstig auswirken und die geistige Entfaltung verstärken.

"Erfreue dich daran, einen Menschen so zu erkennen, wie Gott ihn gemeint hat."

Chinesische Weisheit

Entspannungstechniken und Atemübungen

Hinweise zur Anwendung

Die folgenden Übungen sind in einer Reihenfolge angeordnet, bei der Du zunächst eine Technik zur körperlichen Entspannung und vitalisierende Atemübungen findest; es folgen Bildmeditationen, die heilend oder harmonisierend wirken, bis hin zur Aktivierung des mentalen Bereichs, der Bewußtseinserweiterung und Meditation. Die Übungen und Visualisierungen bauen aufeinander auf und führen schließlich zu ursprünglichen Meditationsformen, die in tiefer Stille und Klarheit ein Streben nach der Erfahrung des Höchsten - des absoluten Seins - der reinen Liebe - des Göttlichen - ermöglichen.

Alle angeführten Übungen sind auch für Gruppenmeditationen geeignet; der Text sollte dabei langsam und mit Pausen vorgelesen werden, so daß eine Meditation ungefähr eine halbe Stunde dauert. Vielleicht ist Dir die "Sie", "Du" oder "Wir"-Form lieber, dann wandle den Text entsprechend ab; für eigene Meditationen kannst Du den Text auch auf Band aufnehmen.

Es empfiehlt sich, vor einer Bildmeditation die Kurzform der Körperentspannung und eventuell eine Atemübung durchzuführen, denn die physische Entspannung bildet die Voraussetzung für geistige Ruhe und Klarheit.

Dabei hat es sich als günstig erwiesen, die Übungen, die ausschließlich der körperlichen Entspannung dienen, liegend durchzuführen; wohingegen Bildmeditationen, vor allem, wenn sie auf den Mentalbereich und die Bewußtseinsintensivierung gerichtet sind, in aufrechter Sitzposition bzw. Deiner Meditationshaltung ausgeführt werden sollten, da dies die Konzentrationsfähigkeit und geistige Wachheit verstärkt.

Der Geist sollte den Bildern aufmerksam, aber mühelos folgen und die Phantasie mit den inspirierenden Bildern spielen lassen. Vermagst Du keine plastischen Bilder zu sehen, so halte in Gedanken einfach nur an der jeweiligen Idee fest. Wie beim Wachträumen bleibt der Körper ganz locker und entspannt, wobei Du die Tiefe Deiner Entspannung anhand der Atmung überprüfen kannst. Fließt der Atem leicht, langsam und ruhig bis zum Bauch hinunter, sodaß sich die Bauchdecke mit dem Einatmen ein wenig hebt und mit dem Ausatmen wieder leicht senkt, befindest Du Dich in tiefer Ruhe. Ist die sogenannte Bauchatmung (eigentlich Zwerchfellatmung) verkrampft, zeigt dies die noch vorhanden nervöse Verspannung an.

Bestimmte Elemente und Visualisierungen tauchen immer wieder auf, wie beispielsweise "strahlendes Sonnenlicht" oder die Dynamik des Fließens oder des Durchflutens, da sie eine besonders tiefe universelle Heilungskraft und eine befreiende, lösende Wirkung auf Körper und Psyche ausüben.

Ebensowichtig wie die körperliche Entspannung während der Übungen ist die Aktivierungsphase nach der meditativen Entspannung, sonst kannst Du die Regeneration und Kraft aus der Entspannung nicht für Dich nutzbar machen. Die Aktivierung dient dazu, die in der tiefen Ruhe verlangsamten Körperfunktionen des Kreislaufs, des Stoffwechsels und der Atemfrequenz wieder auf normales Wachniveau zu bringen. Häufig wird die Tiefe der Entspannung unterschätzt, weil die obengenannten physiologischen Entspannungsreaktionen kaum registriert werden. Man sollte nach einer Übung daher keinesfalls einfach aufstehen und unmittelbar zu normalen Aktivitäten übergehen, da dies - besonders bei Hypotonikern - Kreislaufstörungen, Schwindel, Kopfschmerz, Gereiztheit oder mangelnde Konzentrationsfähigkeit zur Folge haben kann, also die entgegengesetzten Effekte dessen, was man anstrebt.

Die im Anschluß an die Tiefentspannung und deren Kurzform beschriebenen Aktivierungen ermöglichen den Energietransfer von der Übung in den Alltag, so daß Du langfristige Auswirkungen der Energie, Klarheit und Ruhe erzielst. *Die beschriebene Aktivierungsphase ist daher unerläßlicher Bestandteil einer jeden meditativen Übung und sollte immer deren Abschluß bilden.* Die Körperfunktionen und das Bewußtsein werden in den Wachzustand zurückversetzt, Du "erdest" Dich sozusagen wieder, um die Erholung und Energie nutzbar zu machen. Nimm Dir für die Aktivierungsphase (bestehend aus Dehnungen, Muskelanspannung und Energieatmung) am besten fünf Minuten Zeit, um wieder völlig wach, frisch und leistungsfähig zu werden.

Entspannung

Die folgende Tiefentspannungsübung basiert auf den Suggestionen des Autogenen Trainings, welches die physiologischen Körperfunktionen meßbar zu beeinflussen vermag.
Die Konzentration auf "Schwere" löst eine Entspannung des
Muskeltonus aus, die Wärmesuggestion verstärkt die periphere Durchblutung, weitere Suggestionen wirken auf die
Entspannung der Bauch- und Beckenorgane sowie des Solar
Plexus. Die Atmung und der Stoffwechsel verlangsamen
sich, sodaß sich die Körperfunktionen in einem schlafähn-
lichen Zustand befinden. Dadurch werden nervöse Verspannungen gelöst und Körper und Nervensystem vermögen sich
zu regenerieren.

Körpertiefentspannung
(Rückenlage)

Zuerst dehne ich einmal den Körper, indem ich die Arme
über dem Kopf ausstrecke und mich in die Länge ziehe. Nun
lege ich die Wirbelsäule möglichst flach auf den Boden, die
Hände und Arme sind neben dem Körper oder auf dem
Bauch abgelegt. Die Schulterblätter liegen bequem auf. Der
Nacken ist entspannt.

Ganz deutlich spüre ich meinen rechten Arm, dabei ist der
Arm entspannt, und auch die Hand ist locker. Ich nehme das
Eigengewicht meines Armes wahr. Die rechte Hand ist ganz
warm.

Nun wandert meine Aufmerksamkeit zum linken Arm,
und ich lasse auch den linken Arm ganz entspannt aufliegen,
dabei spüre ich sein Eigengewicht. Meine linke Hand ist
locker und ganz warm.

Ich lasse die Aufmerksamkeit zum rechten Bein wandern. Dabei entspanne ich den Oberschenkel... die Wade... und den Fuß, so daß der Fuß locker zur Seite kippen kann. Ich spüre die Auflagefläche und das Eigengewicht meines Beins.

Meine Aufmerksamkeit wandert weiter zum linken Bein. Auch hier entspanne ich den Oberschenkelmuskel... die Wade... und den Fuß, der locker zur Seite kippt. Das linke Bein fühlt sich ebenfalls wohlig schwer an und ich nehme die Auflagefläche wahr.

Beide Beine sind gut durchblutet und warm durchströmt bis zu den Füßen hinab, so daß die Fußsohlen und Zehen ganz warm sind.

Meine Aufmerksamkeit wandert zum Rücken. Rücken- und Nackenmuskeln sind ganz entspannt. Falls ich noch Anspannung in diesem Bereich bemerke, lasse ich diese in meiner Vorstellung einfach nach unten wegfließen. Ich fühle mich wohlig schwer und genieße das Gefühl, von der Erde getragen zu werden.

Im Bauchraum breitet sich ein Gefühl angenehmer Ruhe und sanfter Wärme aus. Ich fühle mich vollkommen wohl und zufrieden. Die Organe des Bauch- und Beckenraumes sind weich und gelöst. Vom Bauchraum strahlt behagliche Wärme in den ganzen Körper aus.

Der Brustkorb ist ganz weit und frei, der Atem fließt wie ein erfrischender, sanfter Wind. Ich spüre das leichte Ein- und Ausströmen des Atems und die Bewegung des Atems im Körper.

Mein Kopf liegt leicht auf und ich bin ganz wach und klar. Die Stirn ist entspannt, und die Augenbrauen gleiten ein bißchen auseinander. Die Augenlider sind entspannt und auch alle kleinen Muskeln rund um die Augen herum. Meine Stirn- und Augenpartie fühlt sich ganz kühl und frisch an.

Die Wangen- und Mundpartie ist locker, die Lippen sind leicht geschlossen. Die Kiefermuskeln sind gelöst, so daß die Zahnreihen ein wenig geöffnet sind.

In diese wohlige Ruhe lasse ich mich nun hineinsinken wie in ein warmes, duftendes Schaumbad.

Mein Bewußtsein bleibt hellwach und klar, so daß ich die Ruhe im Wachzustand genießen kann.

Ich fühle mich wunderbar frei und leicht und erhole mich in der tiefen Stille.

Jede Zelle meines Körpers ist aufgeladen mit frischer Energie, und ich fühle mich ganz kraftvoll, wach und klar.

Kurzform der Körpertiefentspannung

(sitzend; ca. 5 Min.)

Nun lasse ich mit tiefen Atemzügen alle Reste von Anspannung einfach los, jedes Ausatmen ist befreiend und erleichternd.

Ich lasse die Schultern sinken. Alle Muskeln werden ganz locker. Arme und Beine fühlen sich wohlig schwer an.

Die Handflächen sind ganz warm. Ich spüre auch die Wärme der Fußsohlen.

Meine Bauchmuskeln sind ganz locker und weich, der Magen und die Beckenorgane sind entspannt und gelöst. Ich tue noch einen tiefen Entspannungsseufzer und lasse den Atem bis hinunter in den Beckenraum strömen.

Der Atem fließt sanft und gleichmäßig.

Meine Augenpartie und die Gesichtszüge sind weich und entspannt. Die Stirn fühlt sich frisch und kühl an.

Jetzt ist nur noch mein Wohlbefinden und meine Ruhe wichtig, alle anderen Gedanken gleiten ganz weit weg.

Zufrieden lasse ich mich in diese Ruhe hineinsinken und genieße die Wärme des Körpers.

Entspannungsatmung

(Rückenlage)

Ich strecke mich in der Rückenlage lang aus und lege die Wirbelsäule möglichst flach ab. Die Arme liegen neben dem Körper auf.

Während des Einatmens spanne ich den rechten Arm an und balle dabei die rechte Hand zur Faust - währenddessen hebe ich den durchgespannten Arm einige Zentimeter vom Boden ab. Beim Ausatmen lasse ich den Arm ganz locker zurück auf den Boden sinken und entspanne Arm- und Handmuskeln. Der Arm ist nun ganz locker und wohlig schwer abgelegt.

Nun spanne ich während des Einatmens den linken Arm an und balle die linke Hand zur Faust, dabei hebe ich den Arm ein wenig vom Boden hoch. Mit dem Ausatmen lasse ich ihn ganz locker und wohlig schwer auf den Boden zurück-sinken. Auch der linke Arm ist nun entspannt abgelegt.

Ich spanne das rechte Bein während des Einatmens kräftig an, bis zu den Zehen hinunter - und hebe das durchgespannte Bein dabei einige Zentimeter vom Boden ab. Mit dem Ausatmen lasse ich das Bein entspannt und wohlig schwer auf den Boden zurücksinken.

Beim Einatmen spanne ich nun das linke Bein durch bis zu den Zehen und hebe es dabei ebenfalls etwas an. Beim Ausatmen sinkt das linke Bein wohlig entspannt und schwer auf den Boden.

Mit dem Einatmen hebe ich den Kopf leicht an und lege ihn mit dem Ausatmen wieder sanft ab.

Der ganze Körper ist nun wohlig schwer und locker. Ich genieße das Gefühl, mich ganz passiv von der Erde tragen zu lassen.

Energietransfer der Übungen in den Alltag

Aktivierungsphase nach der Liegeentspannung

Meine Gedanken treffen wieder vollständig hier in der Situation ein. Ich spüre das Eigengewicht meines Körpers und den Untergrund, auf dem ich liege.

Zunächst konzentriere ich mich auf meine Fußsohlen und bewege leicht die Zehen. Ich beginne mit den Füßen zu kreisen, so daß die Fußgelenke gedehnt werden. Dann spanne ich die Beinmuskeln mehrmals kräftig an, auch die Gesäßmuskeln.

Ich balle die Fäuste, spanne die Armmuskeln kräftig durch und recke und strecke mich ausgiebig.

Tief atme ich durch und fühle mich von frischer Energie erfüllt.

Nun bewege und dehne ich den Rücken. Ich ziehe die Beine hoch zum Bauch und umschließe sie fest mit den Armen. Dabei atme ich tief in die Bauchmitte, sodaß ich die Atembewegung bis in den Rücken wahrnehmen kann. In dieser Haltung ruhe ich ganz sicher und geborgen in mir selbst. Ich setze die Füße wieder auf und strecke die Beine dann ganz langsam aus.

Während des tiefen Einatmens spanne ich nun alle Körpermuskeln gleichzeitig durch, mit dem Empfinden, kraftvoll und selbstbewußt aus der Entspannung aufzutauchen. Während des Ausatmens lasse ich wieder locker.

Ich bin hellwach, frisch und klar und bringe die innere Ruhe und die Energie aus der Tiefentspannung mit.

Aktivierungsphase
nach einer Sitzübung

Mit einem tiefen Atemzug lasse ich meine Gedanken und mein Bewußtsein wieder ganz hier in die Situation zurückkehren und beginne, den ganzen Körper zu recken und zu strecken.

Die Beine strecke ich lang aus und spanne sie einige Male kräftig an. Ich konzentriere mich auf die Fußsohlen und dehne die Fußgelenke, indem ich mit den Füßen kreise.

Nun strecke ich mich ganz lang nach oben und recke die Arme abwechselnd hoch zur Decke hin.

Ich lasse den Oberkörper vornüber kippen, bis ich meine Füße berühren kann; komme sodann wieder nach oben und drehe den Rücken einmal zu beiden Seiten hin. Die Schulterblätter kreisen, dann dehne ich den Kopf nach rechts, nach links, nach vorne und weit nach hinten.

Mit der Energieatmung aktiviere ich nun die Energie aus der Entspannung: Mit jedem tiefen, langsamen Einatmen spanne ich die Muskeln meines Körpers kraftvoll an und spüre dabei meine Stärke und mein Selbstbewußtsein. Mit jedem tiefen Ausatmen lasse ich diese Spannung wieder los und fühle meinen inneren Frieden.

Ich bin wach, erfrischt und klar.

Schutz und Erdung für Aura und Chakren

Für alle, die bereits seit einiger Zeit meditieren und recht sensibel auf die Ausstrahlung ihrer Mitmenschen und die Atmosphäre einer Situation reagieren, ist es außerordentlich wichtig, nach der Tiefentspannung oder Meditation die Aura und die Chakren zu schützen. Dies geschieht bereits durch die Aktivierung, kann aber durch die nachfolgende Visualisierung noch verstärkt werden.

Bewußt spüre ich mich selbst in dieser wunderbar friedlichen Stimmung. Der innere Frieden im Denken und Fühlen stellt für mich den wirksamsten und wichtigsten Schutz dar, daher nehme ich mir fest vor, freundlich zu denken, liebevoll zu handeln und unbeirrbar friedlich zu sein. Dadurch erschaffe ich eine schützende Schwingung, die mich als silberweiße Lichthülle umgibt.

Zusätzlich stelle ich mir vor, meine Chakren nacheinander mit blendend weißen Lichtscheiben zu versiegeln; damit beginne ich beim Scheitel-Chakra.

Meine Aura und mein ganzes Wesen sind lichterfüllt, so daß ich mich wohl und geborgen fühle.

Nun verspüre ich die Erdanziehungskraft, die mich festhält und gleichzeitig trägt. Von meinen Fußsohlen und dem Steißbein führt jeweils ein dicker Magnetstrahl tief ins Erdreich hinab. Diese Strahlen verwurzeln mich ganz fest in der Erde.

Atemübungen

Der Atem ist unsere wichtigste Energiequelle, die den Körper mit lebensnotwendigem Sauerstoff und den Ätherkörper mit sogenanntem "Prana", d.h. feinstofflicher Lebensenergie, versorgt. Die Voraussetzung für gesunde Atmung, also eine Atmung, die bis in den Bauch hinunter fließen kann, bildet ein entspanntes, lockeres Zwerchfell. Man könnte das Zwerchfell auch als Atemmuskel bezeichnen, der sich beim Einatmen nach unten zieht, dabei wölbt sich der Bauch leicht nach vorne und der Herzmuskel wird in die Länge gedehnt. Beim Ausatmen gleitet das Zwerchfell wieder in die Ausgangsposition zurück.

So werden durch eine ruhige Bauchatmung alle Bauchorgane sowie der Herzmuskel sanft massiert und stimuliert.

Zwischen der Atmung und dem emotionalen Zustand besteht eine starke Verbindung. Über die "psychosomatische Schaltstelle" des Solar Plexus werden spannungsgeladene Gedanken, also ärgerliche, sorgenvolle oder ängstliche Gedanken unmittelbar auf den Tonus des Zwerchfells übertragen. Ein einziger ärgerlicher oder angsterfüllter Gedanke führt bereits zu einer Verkrampfung des Zwerchfells. Die Folge einer chronischen Verkrampfung des Zwerchfells besteht in einer Störung der gesunden Bauchatmung, die den Körper mit ausreichend Sauerstoff (Energie) versorgt, sowie die inneren Organe massiert und in ihrer Funktion dadurch harmonisiert. Ein verspanntes Zwerchfell ermöglicht nur noch die flache Brustatmung. Durch diese Atmung ist also die Energiezufuhr durch Sauerstoff vermindert, es verschlechtern sich die Durchblutung, die Organfunktionen, der gesamte nervliche Zustand und die körperliche und geistige Leistungsfähigkeit. Einen solch angespannten, unruhigen Zustand bezeichnet man als "vegetative Dystonie", dessen Folgeerscheinungen häufig in Form psychosomatischer Erkrankungen, wie Magen- oder Darmproblemen, besteht.

Um die Atmung wieder zu harmonisieren und Energie aufzutanken, helfen (neben positivem Denken!) die folgenden einfachen Atemübungen, die ca. fünf bis zehn Minuten lang ausgeführt werden sollten.

Falls bei einer Atemübung einmal Schwindelgefühl auftauchen sollte, liegt das an einer für den Körper ungewohnt hohen Sauerstoffzufuhr, die noch nicht verwertet werden kann. Dieses harmlose Schwindelgefühl hört sogleich auf, wenn Du die Atemübung einstellst; passe dann die Dauer der Übung der Fähigkeit Deines Körpers an, den Sauerstoff aufzunehmen und steigere die Dauer erst allmählich.

Der Atemrhythmus und die Tiefe Deiner Atemzüge sollten stets Deinem Wohlbefinden angepaßt sein und nicht gepreßt durchgeführt werden.

Bauchatmung

Ich setze mich bequem hin und lege die verschränkten Hände auf den unteren Bauch. Einige Male seufze ich tief und hörbar, damit löse ich die Anspannung des Solar Plexus und des Zwerchfells. Nun beginne ich langsam und tief "zu den Händen hin" zu atmen, so daß Hände und Bauchdecke beim Einatmen leicht nach vorne gedrückt werden und beim Ausatmen wieder einsinken.

Rhythmisches Atmen

Ich beginne in bequemer Sitzposition oder Rückenlage mit der tiefen Bauchatmung, nach einigen Entspannungsseufzern. Sodann atme ich in gleichmäßigem Rhythmus, indem ich bis sieben zählend einatme, sieben Sekunden lang den

Atem anhalte und sieben Sekunden lang ausatme, bis keine Luft mehr in der Lunge verbleibt.

Tiefatmung im "Kugelsitz"

Diese Atemübung ist sehr wohltuend bei extremer Verspannung, Nervosität, emotionaler Aufregung sowie streßbedingten Rücken- und Nackenschmerzen. In dieser Haltung wird die Rücken- und Nackenmuskulatur gedehnt und gelöst, außerdem wirkt die umschlossene Körperhaltung so beruhigend und ausgleichend, daß Du Dich wieder zu zentrieren vermagst und geborgen in Dir ruhst.

Ich setze mich mit angewinkelten Beinen auf den Boden und umschlinge die Oberschenkel unterhalb der Kniekehlen. Nun lasse ich den Kopf locker nach vorne hängen. Bei entspannter Rückenmuskulatur sinkt der Kopf zu den angewinkelten Knien hinab, so daß ich die Stirn auf die Knie auflegen kann; das geschieht jedoch locker und ohne Willensanstrengung.

Nun lenke ich die Aufmerksamkeit in meine Mitte, den Bauchraum, dabei beginne ich, langsam und tief zu atmen, so daß sich die Bauchdecke beim Einatmen leicht gegen die Oberschenkel drückt. Meine Konzentration und mein Bewußtsein verweilen in der Bauchmitte und sind eins mit der Atmung. Ich lasse mich weder von Gedanken noch von Emotionen ablenken, sondern bleibe in meiner Mitte und nehme nichts als meine Atmung wahr.

Yoga-Reinigungsatmung

Diese Übung beruhigt, harmonisiert und "reinigt" psychisch.

Ich sitze mit gerade aufgerichtetem Rücken und drücke abwechselnd mit Daumen und Zeigefinger jeweils ein Nasenloch zu: Durch das rechte Nasenloch atme ich tief und langsam ein, durch das linke Nasenloch atme ich tief und langsam aus. Nun atme ich jeweils durch das Nasenloch ein, durch das ich zuvor ausgeatmet habe: Links einatmen und rechts ausatmen, rechts einatmen und links ausatmen.

Energieatmung

Die Energieatmung ist aktivierend und vitalisierend. Sie kann im Stehen oder Liegen ausgeführt werden und ist besonders gut geeignet, um nach der Meditation und Entspannung wieder ganz wach und fit zu werden. Sie sollte drei- bis siebenmal gemacht werden.

Während des langsamen Einatmens durch die Nase spanne ich alle Körpermuskeln möglichst fest an. Diese Muskelspannung halte ich einen Moment und bin mir meiner Kraft und Stärke bewußt. Nun atme ich durch den Mund wieder aus und lasse dabei die Muskeln locker.

"Erdende" Atmung

Diese Übung hat eine stabilisierende Wirkung und bringt Dich mit Deiner eigenen Kraft in Verbindung.

Ich setze mich aufrecht auf einen Stuhl oder nehme meine Meditationshaltung ein. In meiner Phantasie stelle ich mir vor, ein Berg zu sein und aus der Erde emporzuwachsen. Als großer, mächtiger Berg rage ich hoch zum Himmel hinauf.

Kraftvoll und unerschütterlich fest mit der Erde verbunden ragt der Berggipfel in die Lüfte empor, von frischem Wind umweht.

Beim tiefen Einatmen stelle ich mir vor, Energie von unten aus der Erde emporzuziehen - bis hinauf zum "Berggipfel", meinen Scheitel - dann lasse ich diese Energie beim Ausatmen wieder tief in die Erde hinabfließen. Mit jedem Atemzug wird die Verbindung zur Erde stärker und tiefer, ich fühle mich unerschütterlich fest und kraftvoll.

Stirnatmung

Die "Stirnatmung" wirkt besonders auf den geistigen Bereich und auf die Konzentrationsfähigkeit, sie aktiviert geistig und erfrischt.

Ich nehme eine aufrechte Sitzhaltung ein und beobachte eine Weile das sanfte Fließen meines Atems, bis ich ganz ruhig geworden bin.

Die einströmende Luft ist frisch und kühl, die ausströmende Luft ist erwärmt. Während des Einatmens stelle ich mir vor, daß der kühle Luftstrom leicht und erfrischend bis in die Stirn hinauffließt und ein klares, kühles Gefühl im Stirnbereich vermittelt. Jedes Ausatmen ist ein inneres Lockerlassen, das beruhigend wirkt.

Befreiende Atmung

Mit jedem Atemzug atme ich die Luft des weiten Himmels ein, wo immer ich auch bin. Jeder Atemzug verbindet mich mit der unendlichen Weite und Freiheit des Himmels. Das Fließen des Atems gibt mir das innere Gefühl der Weite und des luftigen Raums. Es vermittelt mir ein befreiendes Gefühl im Brustkorb, wenn ich bewußt mit dem Element Luft verschmelze. Ich atme die Weite und Freiheit des leuchtend blauen Himmels ein und spüre den Brustkorb ganz weit und frei. Jeder Atemzug durchweht mich wie sanfter Wind und ich bin eins mit diesem Wind, luftig, schwebend, grenzenlos frei... und ich vermag mich auszudehnen, so weit ich will...

Ich fühle mich wunderbar leicht und erfrischt.

Wiegende Atmung

(liegend)

Bei dieser Übung erlebst Du den Atem ganz passiv, vertraust Dich ihm an und läßt Dich von Deinem Atemrhythmus in tiefe Entspannung geleiten.

In meiner Vorstellung lasse ich die Situation auftauchen, auf einer großen, dicken Luftmatratze zu liegen und auf dem sonnendurchstrahlten Meer, ganz nahe am Ufer zu treiben.

Ganz passiv spüre ich, wie mein Körper von der weichen Luftmatratze sicher getragen wird und ich fühle mich vollkommen frei und gelöst.

Die Sonne durchwärmt meinen Körper sanft und angenehm, besonders der Bauchraum ist strömend warm.

Hin und wieder streicht eine erfrischende, kühle Brise über mein Gesicht.

Ich schaue hinauf in den leuchtend blauen Himmel in seiner klaren Weite und atme ganz frei und gelöst.

Nun lasse ich meinen Atem im Rhythmus mit den schimmernden Meereswellen fließen: Mit jedem Einatmen fühle ich mich von einer Welle sanft und langsam emporgehoben und mit jedem Ausatmen gleite ich weich in ein Wellental.

Ich genieße, von den Wellen meines Atems gewiegt zu werden. Und ich fühle mich vollkommen geborgen, während mein Atem mich sanft und friedlich wiegt.

Wunderbar durchwärmt und zufrieden lasse ich meine Gedanken wieder ganz hier in der Situation eintreffen.

Bildmeditationen

Physiologische Tiefentspannung

Durch Bildmeditationen kommt die Gedankentätigkeit zur Ruhe, so daß Du Dich von alltäglichen Gedanken, Sorgen oder Ärger zu lösen vermagst und Dich nicht nur physisch, sondern auch psychisch erholst. Darüber hinaus vermitteln die Bildvorstellungen dem Unterbewußtsein positive und angenehme Impulse für das emotionale Wohlbefinden.

Die folgenden Bildmeditationen dienen der Tiefentspannung, der körperlichen und psychischen Ruhe. Sie sind in ihrer Wirkung besonders auf die Körperfunktionen ausgerichtet; nervöse Verspannungen lösen sich, die periphere Durchblutung wird verstärkt, der Muskeltonus vermindert und die Atmung verlangsamt, dadurch wird es dem Körper und dem Nervensystem ermöglicht, sich zu regenerieren.

Bei allen Bildmeditationen empfiehlt es sich, die Kurzform der Körperentspannung voranzustellen und die Übung mit der Körperaktivierung abzuschließen.

Die Bildmeditationen zur Tiefentspannung sollten im Liegen durchgeführt werden.

Innerer Frieden

Ich lasse mich ganz wohlig immer tiefer in die Entspannung hineinsinken. Deutlich spüre ich das Eigengewicht meines Körpers und lasse mich ganz passiv von der Erde tragen. Noch tiefer sinke ich in die wohlige Ruhe.

Das wohltuende Gefühl der Gelassenheit und des Friedens erfüllt mich. Ich fühle mich rundum wohl; ich bin in Frieden mit mir selbst und mit meiner gesamten Situation. Erleichtert atme ich auf und fühle mich leicht und frei. Mein ganzes Wesen ist von Frieden erfüllt, jede Zelle, jede Faser meines Seins.

Ich atme Frieden, und jeder Atemzug fließt leicht und seidig. Und ich fühle mich umhüllt von Frieden wie von einem zarten, balsamartigen Duft, der mich hell und weich umgibt.

Vor dem inneren Auge taucht eine kleine weiße, duftige Feder auf, die im sanften Wind fliegt. Ich beobachte, wie der Wind die Feder über eine Wiese trägt, über Gräser und Wiesenblüten. Immer weiter gleitet die duftige, weiße Feder über einen klaren Bach hinweg, vorbei an Büschen und knorrigen, alten Bäumen... über hügelige Wiesen...

Schließlich bleibt die Feder in den grünen Blättern einer Baumkrone hängen, bis ein Windstoß sie hoch hinaufträgt.

Leuchtend weiß hebt sie sich vom klaren, blauen Himmel ab und gleitet noch höher empor. Noch kann ich die kleine Feder sehen, doch sie entfernt sich allmählich und wird immer kleiner, bis sie sich schließlich im Himmelsblau auflöst.

Ich fühle mich vollkommen ruhig und klar. Ganz geborgen ruhe ich in mir selbst, umhüllt von wohligem Frieden, duftend und warm. In diesem Gefühl tiefer Ruhe und Zufriedenheit bleibe Ich weiterhin, wenn ich nun wieder "auftauche" und ganz in die Situation hier zurückkehre.

Waldlichtung

In meiner Vorstellung gehe ich an einem sonnigen Maimorgen durch den Wald spazieren. Ich habe alle alltäglichen Dinge hinter mir gelassen und wandere unbeschwert und fröhlich an den Bäumen vorbei. Mit jedem Atemzug nehme ich den frischen Duft des Waldes in mich auf - den harzigen Geruch der Fichten und Tannen, des feuchten Waldbodens, den Duft von Moos und Gräsern. Genußvoll atme ich die reine, klare Waldluft ein.

Voller Muße betrachte ich die weichen, samtigen Moos-polster, deren tiefes Grün von innen heraus zu leuchten scheint. Daneben breiten sich ausladende Farnwedel aus und zartgrüner Klee, auf dessen Blättchen noch Tautropfen aufleuchten.

Fröhliches Vogelgezwitscher erklingt, und ich sehe die Sonne zwischen den hohen, dunkelgrünen Tannen hin-durchstrahlen. Leichtfüßig und mit einem Gefühl der Frische wandere ich durch den dichten Tannenwald und spüre den weichen Waldboden unter den Füßen, der von Tannenzap-fen und Nadeln bedeckt ist.

Nach einer Weile eröffnet sich vor mir eine sonnendurch-flutete Waldlichtung mit einem kleinen Teich. Das klare Wasser schimmert grün, und auf den glitzernden kleinen Wellen schaukeln einige rosa Seerosen.

Diese verträumte Idylle ist von Klarheit und Frieden erfüllt, und ich lasse mich am moosbewachsenen Ufer des Teiches nieder. Ich beobachte, wie sich das Schilf im Wind wiegt, und die Sonne auf den Wellen funkelt.

Bequem ausgestreckt spüre ich das Gewicht meines Körpers und lasse mich von der Erde tragen. Mein ganzer Körper wird von der Sonne durchstrahlt und gewärmt. Ich spüre die Wärme in den Händen... und auch die Fußsohlen sind ganz warm... Die Sonne scheint wohlig warm auf meinen Bauch... und erfüllt auch meinen Brustraum mit sonniger Wärme.

Ich fühle mich geborgen im sonnig leuchtenden Grün der Natur, das mich schützend umgibt, und ruhe mich aus.

Zufriedenheit und Ruhe erfüllen mein ganzes Wesen. Mit diesem Gefühl komme ich gedanklich wieder in der Situation hier an.

Meeresstrand

Ich stelle mir vor, an einem sonnigen Strand unter Palmen zu liegen. Mein Körper liegt wohlig schwer auf dem warmen, hellen Sand und sinkt ein wenig ein.

Mein Kopf ruht angenehm kühl im Schatten der Palmen. Das Meeresrauschen ist so gleichmäßig wie mein Atem.

Ich fühle mich ruhig, zufrieden und gelöst.

Versonnen betrachte ich den klaren blauen Himmel, über den eine dicke, weiße Wolke treibt. Der Wind verändert ganz allmählich ihre Form und zerfasert sie. Einzelne Formationen lösen sich im Himmelsblau auf. Wie ein Wattebausch gleitet die Wolke weiter, weich und leicht...

Nun spüre ich die angenehme Wärme der Sonne, die den Körper wohlig warm durchstrahlt. Beide Arme sind ganz warm, auch die Hände sind warm bis in die Fingerspitzen. Die Beine sind warm durchströmt, bis hinunter in die Füße. Auch die Fußsohlen und Zehen sind wohlig warm.

Die Sonnenstrahlen durchwärmen den Bauch- und Bekkenraum, der gesamte Bereich ist sonnig warm und gelöst.

Der Brustkorb ist ebenfalls von sanfter Sonnenwärme durchflutet. Ich atme frei und gelöst.

Mein Kopf ruht in der erfrischenden Kühle des Schattens einer Palme und ich fühle mich klar und wach.

Noch eine Weile genieße ich das Gefühl sonniger Wärme und erhole mich.

Erholt und erfrischt komme ich in Gedanken hier in der Situation an und bin voller Energie.

Unter einem alten Baum auf der Sommerwiese

Es ist ein wunderschöner, warmer Sommertag und ich liege unter einem kraftvollen, hohen, alten Baum. Duftender, sanfter Sommerwind streicht über mein Gesicht und ich rieche die Wiesenblüten und Gräser.

Mein Blick schweift über den klaren, leuchtend blauen Himmel, und jeder Atemzug wirkt erfrischend und befreiend.

Ganz passiv lasse ich mich von der Erde tragen und fühle mich unter dem Baum beschützt und geborgen. Die Naturkraft des Baumes scheint mich wie ein sanfter, heilender Energiestrom zu durchfließen.

Die Wärme der Sonne durchstrahlt den Körper ganz angenehm.

Vollkommene Zufriedenheit und tiefe Ruhe erfüllen mich.

Mein Kopf liegt frisch und kühl im Schatten des Baumes. Ich schaue hinauf in die Blätter der Baumkrone, die von der Sonne durchflutet sind und grün aufleuchten.

Leise rauscht der Sommerwind durch die Blätter, so daß die Sonne zwischen den Blättern hindurchblitzt.

Ich genieße die tiefe innere Ruhe und fühle mich dabei ganz wach.

Erfüllt von dieser warmen sommerlichen Stimmung lasse ich die Gedanken wieder ganz in diese Situation zurückkehren. Ich bin wunderbar erholt und voll frischer Energie. Nun aktiviere ich den Körper ganz intensiv durch Recken und kräftiges Anspannen der Muskeln.

Selbstharmonisierung

Die folgenden Übungen dienen dazu, eine innere Grundlage der Harmonie zu erzeugen. Diese Grundlage kann uns nur aus einem positiven Selbstbild und aus liebevoller Akzeptanz der eigenen Person erwachsen. Viele von uns neigen dazu, sich selbst (und andere) häufig zu hinterfragen und zu kritisieren, sich zu vergleichen oder zu bemängeln, wodurch Unzufriedenheit und ein Mangel an Selbstwertgefühl entsteht. Ein solcher Mangel an eigenem Wertgefühl hemmt, blockiert Energie und behindert eine Entfaltung und Weiterentwicklung.

Bei den folgenden Übungen beginnen wir zunächst mit Selbstakzeptanz und liebevoller Wertschätzung der eigenen Person, entwickeln dann eine Vorstellung des eigenen "Idealselbst", das wir anstreben und entfalten möchten, und kommen schließlich zum mentalen Training, welches gezielte Problemlösungen ermöglicht und hilft, bestimmte Persönlichkeitseigenschaften zu erwecken. Mit "Idealselbst" ist natürlich kein utopisches Überwesen gemeint, kein "Superstar", der seine Umgebung beeindruckt, alles kann und alle anderen übertrifft. Solch eine egozentrische Vorstellung wäre irreführend. Mit "Idealselbst" finden wir einen realistischen Zustand größtmöglicher innerer Harmonie, Frieden und mentaler Klarheit; ein Wohlbefinden, das wir in den unterschiedlichsten Situationen (z.B. am Arbeitsplatz) aufrechterhalten können. Ein solcher innerer Zustand ermöglicht ein hohes Maß an Vitalität, Gesundheit, Lebensfreude, Ausgeglichenheit und Erfolg in verschiedenster Form.

Im Anschluß an die Übungen sind einige Affirmationen aufgeführt, die Du zusätzlich vor dem Einschlafen und gleich nach dem Aufwachen einige Male laut oder in Gedanken wiederholen solltest. Es empfiehlt sich, die Visualisierung regelmäßig zu wiederholen, bis das Ergebnis sich verwirklicht hat.

Selbstakzeptanz

In der wunderbar tiefen Ruhe und Entspannung fühle ich mich vollkommen wohl. Ein Gefühl der Leichtigkeit und Freiheit erfüllt mich.

Nun lasse ich meine Phantasie ein wenig spielen und sehe mich selbst in schöner, sonnendurchfluteter Natur, fröhlich und lachend. Ein unbeschwertes und heiteres Gefühl erfüllt mich, während ich mein Gesicht im Sonnenschein betrachte - lächelnd und strahlend vor Freude.

Dieses Gefühl des Lächelns durchdringt mein ganzes Wesen. Dabei fühle ich mich heiter und leicht; ich freue mich über mich selbst. Mit diesem inneren Lächeln nehme ich mich selbst an, nachsichtig, liebevoll und zufrieden. Ich bin einverstanden mit mir und fühle mich richtig wohl in meiner Haut.

Diese Zufriedenheit und die liebevolle Wärme für mich selbst genieße ich nun.

Ich strahle diese Harmonie und Zufriedenheit auch anderen gegenüber aus.

In meinen Gedanken taucht eine alltägliche Szene auf, in der ich gute Laune ausstrahle und bei anderen Menschen ein Lächeln hervorrufe. Meine Freundlichkeit ist wohltuend und ansteckend.

Ich nehme mir vor, morgen den ganzen Tag lang Freundlichkeit und Harmonie zu verbreiten, in jeder Situation— und jedem, den ich treffe, ein bißchen gute Laune zu vermitteln.

Während ich nun einige Male tief durchatme, verspüre ich ein wunderbar freies, weites Gefühl in der Brust. Mein

Selbstwertgefühl und mein inneres Lächeln bringe ich ganz mit in die Situation hier.

Affirmation

"Ich bin zufrieden mit mir"

"Ich bin freundlich und gut gelaunt"

"Ich mag mich"

Idealselbst

In der wohligen Ruhe genieße ich, die Wärme meines Körpers zu spüren. Mein Gesicht ist entspannt, die Stirn ist frisch und kühl.

In mir entsteht das sanfte, heitere Gefühl eines Lächelns, in dem sich Reste von Anspannung auflösen. Ich mag mich gern und bin mit mir und meiner Umwelt in Frieden.

Mein Geist befindet sich im Zustand tiefer Ruhe und wacher Klarheit.Nun taucht ein Bild von mir auf, lächelnd, gutgelaunt und zufrieden. Ich befinde mich in meiner normalen, alltäglichen Situation. Darin sehe ich mich als freundliche, harmonische Persönlichkeit und fühle die Ruhe und Kraft, die mich erfüllen.

Mit meinen Mitmenschen gehe ich liebevoll und tolerant um. Jeden Menschen akzeptiere ich so, wie er ist, auch mit seinen Schwächen! Andere lassen sich von meiner Freundlichkeit anstecken und schätzen mich wegen meiner Hilfsbereitschaft.

Mit Freude betrachte ich meine zielstrebige, klare Arbeitsweise. Konzentriert und leistungsfähig führe ich meine Arbeit durch.

Alle Probleme bewältige ich leicht und bleibe friedlich und ruhig. In jeder Situation und bei jeder Begegnung bleibe ich in diesem inneren Frieden und der geistigen Klarheit.

Ich fühle mich wohl in meiner Haut.

Mein Wohlbefinden bringe ich während der Aktivierungsphase ganz mit in den Wachzustand.

Affirmationen

"Ich fühle mich wach, klar und leistungsfähig"

"Ich bin in jeder Situation freundlich und gelassen"

"Ich fühle mich wohl und akzeptiere meine Mitmenschen"

54

Mentales Training

Unser Unterbewußtsein ist in der Lage, Anweisungen, die ihm in der richtigen Form erteilt werden, auszuführen.

Daher bietet das Unterbewußtsein mit seiner schöpferischen Kraft ein reichhaltiges Reservoir an Möglichkeiten.

Jede häufig visualisierte, positive (und realistische) Bildvorstellung wird vom Unterbewußtsein verwirklicht, besonders, wenn sie emotional empfunden wird. Dadurch vermögen wir, neue Eigenschaften zu entwickeln und alte Gewohnheiten abzulegen; wir können Selbstheilungsenergie, Lebensfreude, Ausgeglichenheit, Konzentrationsfähigkeit sowie sportliche Leistungen aktivieren, um nur einige Möglichkeiten zu nennen.

Kläre für Dich zunächst einmal, welche Eigenschaft, Verhaltensweise oder Problemlösung Du anstrebst. Es könnte sich beispielsweise um Konfliktlösung am Arbeitsplatz oder in der Partnerschaft handeln, um eine Prüfungssituation, besondere Leistungsfähigkeit oder Angstbewältigung. Überlege Dir ganz präzise, welche Eigenschaften Du haben müßtest, um die Problematik aufzulösen oder zu bewältigen. Wärst Du im Idealfall liebevoller, friedlicher, selbstbewußter, energischer, gelassener, verständnisvoller, konzentrierter, leistungsfähiger?

Definiere Deine Idealeigenschaft in schriftlicher Form. *Formuliere dazu ein bis zwei positive Affirmationen im Präsens.* Zum Beispiel: "Ich lerne konzentriert und leistungsfähig für die Prüfung", und "Ich bestehe die Prüfung sehr erfolgreich". Hast Du Dein Ziel in dieser klaren Form definiert, kannst Du mit der Übung beginnen.

Visualisierungstraining

Nun lasse ich mich ganz gelöst in tiefe Ruhe sinken. Mit jedem Atemzug lasse ich noch mehr los, und alle Muskeln entspannen sich - Nacken, Schultern, Arme und Beine. Meine Handflächen und Fußsohlen sind ganz warm. Der Magen und die Beckenorgane sind locker und weich. Ich atme ruhig und tief. Meine Gesichtszüge und die Augenpartie sind entspannt, die Stirn fühlt sich frisch und kühl an.

Ich genieße die wohlige Ruhe und fühle mich zufrieden.

In der Vorstellung lasse ich die zu ändernde Situation auftauchen. Ich bleibe dabei vollkommen ruhig und genieße weiterhin das wohlige Wärmegefühl meines Körpers und die innere Zufriedenheit. Die Situation betrachte ich ruhig und klar, in tiefem Frieden.

Nun sehe ich mich selbst in der Situation. Ich beobachte, daß ich mich vollkommen ideal verhalte, und das erfüllt mich mit tiefer Genugtuung. Deutlich nehme ich an mir die neuen positiven Eigenschaften wahr.

In Gedanken wiederhole ich mehrmals meine Affirmation und sehe mein Ideal verwirklicht, ganz klar und bildhaft.

Nun fühle ich mich ein in diese Idealversion:

Ich befinde mich in dieser Situation und beobachte mich nicht mehr von außen, sondern nehme die Situation von innen heraus wahr. Ich bin wie neu und spüre die neue Eigenschaft ganz deutlich. Nun bin ich bereits so, wie es meine Affirmation beschreibt. Mühelos praktiziere ich das gewünschte Verhalten und erfreue mich daran. Mit dieser Freude wiederhole ich nochmals meine Affirmation.

Ich atme einige Male tief durch, erleichtert und zufrieden, und lasse die Gedanken wieder hier eintreffen.

Diese Übung sollte täglich durchgeführt werden, so lange, bis das Ergebnis verwirklicht ist.

Affirmationsbeispiele

"Ich bin freundlich und werde von allen gemocht"

"Ich lerne leicht und konzentriert; die Prüfung bestehe ich erfolgreich"

"Ich bin aktiv und voller Lebensfreude"

"Ich bin gelassen und selbstbewußt"

"Ich arbeite stundenlang ruhig, klar und konzentriert"

"Ich bin gesund"

"Ich fühle mich ruhig und stark, wie ein Fels in der Brandung"

Mentaler Tagesentwurf

Dies ist eine Fünf-Minuten-Übung, die Du am besten jeden Morgen nach dem Aufwachen durchführst, um täglich in Idealform zu sein.

Gehe in Gedanken zunächst die Aufgaben und Situationen des jeweiligen Tages durch, inklusive Freizeit- und Abendgestaltung.

Laß' diesen Tagesplan nun in Idealform ablaufen, besonders, wenn problematische oder unerfreuliche Situationen anstehen.

Ich sehe mich in meinem Idealzustand und in Bestform; gutgelaunt, selbstbewußt und freundlich.

Leistungsfähig und konzentriert bewältige ich meine Pflichten und finde Freude an allen Aufgaben des Tages. Begegnungen verlaufen freundlich und produktiv. Auftauchende Probleme löse ich voller Energie.

Gutgelaunt verbringe ich schließlich die freie Zeit des Tages und lasse den Tag harmonisch ausklingen.

Ich freue mich auf diesen schönen Tag, der vor mir liegt.

Harmonisierung des Astralkörpers

Die folgenden Bildmeditationen stimulieren den emotionalen Bereich und bewirken Frieden und innere Ausgeglichenheit. Sie haben zum Ziel, die Gefühls- und Gedankenwelt aus dem Alltag, d.h. aus Streß, Frustrationen, Unruhe oder Ärger zu lösen und uns mittels schöner Bildsymbole positiv einzustimmen und zu harmonisieren. Bildmeditationen vermögen eine sehr langfristige Wirkung auszuüben. In tiefer Entspannung "durchlebt", bilden die anschaulichen Symbole wirksame Impulse und Strukturen im Unterbewußtsein.

Gleich Samenkörnern werden sie sich im Laufe der Zeit zur vollen Blüte entfalten, das Bewußtsein verfeinern und inspirieren, sowie innere Harmonie, Lebensfreude und seelisches Wohlbefinden hervorbringen.

Vogelflug

Ich sitze auf einer Bergwiese in der Abendsonne. Von hier aus überblicke ich die ganze Weite der Landschaft und das Panorama der Berggipfel.

Ich atme tief durch und fühle mich gelöst und frei. Sanfter Wind spielt mit meinem Haar, und ich betrachte die Bergwiese, auf der ich sitze. Die warme Abendsonne läßt das Gras golden aufleuchten, und die vielen bunten Wiesenblumen bewegen sich leicht im Wind.

Wunderbarer Frieden umfängt mich, und ich bin wunschlos glücklich.

Ganz in meiner Nähe läßt sich ein kleiner, brauner Vogel auf einem Felsbrocken nieder. Still beobachte ich, wie er einige Male hin und her trippelt und seine Umgebung aufmerksam mustert. Seine kleinen, dunklen Augen glänzen. Eine Weile verharrt er ganz ruhig.

Mit einem Mal breitet er seine Flügel aus und schwingt sich hoch hinauf. Über mir segelt er durch die Lüfte und gleitet mit weit gespreizten Flügeln über die Täler hinweg. Mein Blick folgt ihm über den klaren Abendhimmel bis in das leuchtende Abendrot, der Sonne entgegen.

Immer noch vermag ich ihn zu sehen, als einen kleinen Punkt, welcher der Abendsonne entgegenfliegt und sich schließlich in deren goldenem Leuchten auflöst.

Mit einem tiefen Atemzug lasse ich mich ganz von dem sanften, goldenen Sonnenlicht durchstrahlen und genieße das Gefühl der Wärme und des Friedens.

In diesem wohligen, friedlichen Gefühl treffe ich innerlich jetzt wieder ganz hier in der Situation ein. Ich bin frisch und klar.

Bergsee mit Seerosen

Ich stelle mir vor, in der ersten Morgendämmerung an einem Bergsee zu sitzen. Die Bergluft ist wunderbar frisch und klar, und ich atme tief durch.

In der Stille des Morgens erklingen erste Vogelstimmen, und die Morgenröte läßt den Himmel rosa schimmern.

Zart und duftig schwimmen weiße Seerosen auf dem kleinen See und werden ganz sanft von den Wellen gewiegt.

Der Bergsee liegt wie ein klares Juwel eingebettet in die Landschaft saftig grüner Bergwiesen, vor dem Hintergrund hoch emporragender Berggipfel.

Der weite rosarote Himmel spiegelt sich in dem klaren See und taucht die Landschaft in ein warmes Leuchten. Über den Bergen glüht der Himmel in Orange auf. Jetzt blitzt der erste Sonnenstrahl über die Gipfel.

Langsam und majestätisch erhebt sich die Sonne über den Bergen und läßt ihre goldenen Strahlen auf dem See funkeln.

Weit öffnen die duftigen Seerosen ihre durchscheinenden Blütenblätter, um sich vom Sonnenlicht durchstrahlen zu lassen. Leuchtend schwimmen sie auf dem Bergsee.

Mit tiefen Atemzügen nehme ich die Reinheit der sonnendurchstrahlten Morgenluft in mich auf und fühle mich wunderbar frei und klar.

Die Morgensonne läßt die Bergwiese in Goldgrün aufleuchten, und auf den Grashalmen glitzern Tautropfen. Jubilierendes Vogelgezwitscher erklingt.

Erfrischt und erholt komme ich mit den Gedanken wieder hier an.

Fels in der Brandung

Ich wandere an einer Felsküste entlang. Zu meiner linken Seite erstreckt sich der tiefblaue, wogende Ozean.

Ich klettere über die Felsen der Küste, und der frische Wind weht meine Haare aus dem Gesicht. Die Brandung bricht sich tosend an den Klippen, und ich sehe schaumige Gischt aufspritzen.

Tief atme ich die erfrischende, klare Seeluft ein. Vor mir taucht ein gewaltiger Felsblock auf, der weit ins Meer hineinragt. Fest und kraftvoll erhebt er sich über die weiß schäumende Brandung, die sich an ihm bricht. Ich klettere auf diesen massiven Felsen und lasse mich auf seiner Spitze nieder, umgeben vom wogenden Meer.

Ruhig und unerschütterlich fest ragt er aus dem Wasser empor. Eine Weile betrachte ich, wie sich die Wellen unter mir am Felsen brechen, und dabei merke ich, wie ich innerlich mit diesem großen, mächtigen Felsen verschmelze. Ich fühle mich eins mit seiner unerschütterlichen Ruhe; auch spüre ich, wie tief er in die Erde hinabragt, fest mit ihr verbunden. Eins mit diesem Felsen, erhebe ich mich kraftvoll und ruhig über die Meereswellen.

Ich selbst bin zum unerschütterlich festen, starken Fels in der Brandung geworden. Mit tiefer Ruhe und Gelassenheit lasse ich den Blick über die Weite des Meeres und des Himmels schweifen.

Kraftvoll und ruhig komme ich innerlich nun hier in der Situation an.

Schmetterling

Es ist ein warmer Spätnachmittag im Sommer, und ich habe mich unter der großen alten Eiche auf einem Wiesenhügel niedergelassen. An diesem friedlichen Platz bin ich völlig ungestört und fühle mich frei und gelöst.

Die Sonne scheint und mein Blick schweift über Wiesen, die von bunten Blüten übersät sind. Warmer duftender Sommerwind streicht über mein Gesicht und weht durch mein Haar.

Voller Muße betrachte ich die Schönheit der Natur, die mich umgibt. In meiner Nähe wächst ein dichter Busch, und ich bemerke einige helle Kokons auf seinen Blättern. Einer dieser Kokons bewegt sich ein wenig. Aufmerksam beobachte ich, wie der dichte Kokon nach einer Weile ein Stückchen aufplatzt. Im Inneren dieses Kokons scheint etwas um seine Befreiung zu kämpfen. Der Spalt öffnet sich weiter und weiter. Nach einer Weile angestrengter Bemühung gelingt es einer kleinen Raupe, sich ihrem Gefängnis zu entwinden und auf das Blatt zu kriechen.

Ruhig verharrt sie in der warmen Sonne und scheint sich von der Anstrengung zu erholen. Mit einem Mal bewegt sie die enganliegenden, unscheinbaren Flügel. Erstaunt verfolge ich, wie sich ein prachtvoller Schmetterling entfaltet und seine leuchtenden, goldgelben Flügel ausbreitet. Einige Male klappt er seine Flügel auf und zu, und schon erhebt er sich in die Lüfte, um die Wiese zu erkunden.

Die Abendsonne läßt die Wiese aufleuchten, und der Schmetterling tanzt in ihrem Schein über die Wiesenblumen hinweg. Eilig flattert er über leuchtend roten Mohn, hin zu Kamillenblüten, weiter über Löwenzahn und rosarote Klee- blüten zu einer tiefblauen Kornblume.

Schon treibt es ihn weiter, als genieße er trunken vor Freude das Abenteuer seines ersten Fluges.

Vergnügt schaue ich ihm noch eine Weile auf seinem Erkundungsausflug zu und genieße die sonnige, friedliche Abendstimmung.

Zufrieden und erholt komme ich innerlich wieder hier an.

Bergkapelle

Ich habe einen heißen Sommertag in einem kleinen Bergdorf verbracht und meine Haut ist noch ganz sonnendurchglüht. Es ist später Nachmittag, und ich beschließe, ein wenig spazieren zu gehen.

Voller Muße wandere ich über einen schmalen, staubigen Pfad zum Berg hinauf. Mein Blick schweift über die Weite der Landschaft, und ich betrachte die Sonne, die als große goldene Scheibe tief am Himmel steht. Zarte, dunstige Schleier bedecken die Täler, und nach der Hitze des Tages genieße ich die laue Abendstimmung.

Gemächlich wandere ich den gewundenen Bergpfad immer weiter hinauf und gelange zu einer frischen Quelle. Ich bücke mich, um das Wasser schimmernd über die Hände strömen zu lassen, dann erfrische ich mein Gesicht mit einer

Handvoll des kalten, klaren Wassers. Schließlich nehme ich noch einen Schluck und gehe weiter.

Ein Stück über mir taucht eine kleine, weiße Bergkapelle auf, fast auf dem Gipfel des Berges. Still und friedlich liegt die kleine Kapelle im Schein der Abendsonne, umrahmt vom leuchtenden Grün einiger Bäume und Büsche.

Ich gelange zum rundgeschwungenen Portal und betrete die Kapelle. Sanfte, wohltuende Stille und Klarheit umfangen mich. Einfache alte Holzbänke stehen vor einem schlichten Altar, und die warme, goldene Abendsonne fällt durch die Rundbogenfenster und taucht die Kapelle in schimmerndes Licht.

Die wohltuende Kühle beruhigt und erfrischt. Ich atme einen sanften, wunderschönen Duft, der den zartblauen Blüten auf dem Altar entströmt. Auf einer der Holzbänke ruhe ich mich aus und nehme die Klarheit und Reinheit dieser schlichten Kapelle in mich auf. Tiefer, heilender Frieden erfüllt mich.

Nun verlasse ich die Kapelle wieder. Die Sonne ist bereits untergegangen und hat noch einen rosa Hauch über dem Horizont zurückgelassen. Ich überblicke die weite, dunstige Landschaft und die Berge. Der Abendhimmel wölbt sich wie eine blauviolette Kuppel über die Landschaft, die von zarten Dunstschleiern durchwebt ist.

Ein Gefühl der Leichtigkeit und Freiheit erfüllt mich. Leichtfüßig und freudig beginne ich mit dem Abstieg und laufe durch den sanften, erfrischenden Abendwind.

Mit diesem Gefühl innerer Leichtigkeit und Freiheit komme ich nun ganz hier in der Situation an.

Südsee

Ich gehe über den weißen Sand eines Südseestrands und bin unterwegs zu meiner Lieblingspalme. Es ist noch früh am Morgen, und ich fühle die sanfte Sonnenwärme auf der Haut. Ein leichter, erfrischender Wind weht durch mein Haar.

Leise plätschert die Brandung, und ich beobachte, wie die Südseewellen schimmernde Lichtreflexe auf dem weißen Meeresboden tanzen lassen. Das klare Wasser leuchtet türkisgrün und hebt sich vom strahlenden, tiefblauen Himmel ab.

Große und kleine Palmen säumen den Strand. Dazwischen wachsen smaragdgrüne Büsche und tropische Pflanzen mit farbenprächtigen Blüten. Eine dieser Blüten leuchtet besonders schön, und ich gehe darauf zu, um sie anzuschauen. Ein wundervoller exotischer Duft umfängt mich, und genußvoll atme ich diesen Duft ein.

Ich wandere nun zur sanft plätschernden Brandung hinunter und lasse die Füße vom klaren Meerwasser umspülen.

Von der Sonne durchwärmt, nehme ich ein Bad. Herrlich erfrischend umgibt mich das leuchtende Wasser und ich tauche ganz darin ein. Wenn ich unter Wasser die Augen öffne, sehe ich die hellen Lichtreflexe am Meeresboden und das sonnendurchstrahlte, türkisfarbene Wasser. Über mir bricht sich das Sonnenlicht auf den Wellen.

Auf dem Meeresboden entdecke ich eine schöne, große Muschel und tauche danach. Mit der Muschel schwimme ich ans Ufer, und gehe wieder an Land, geradewegs auf meine Lieblingspalme zu. Erfrischt und wie gereinigt lasse ich mich unter der Palme nieder und betrachte die Muschel. Ich halte sie ans Ohr und lausche dem leisen Brausen darin.

Die Sonne durchwärmt mich und ich genieße die Schönheit der Südsee, die mich umgibt. Das Gefühl sonniger

Wärme und tiefer Zufriedenheit erfüllen mich, und ich bin wunschlos glücklich.

Dieses gelöste, zufriedene Gefühl bringe ich jetzt ganz mit zurück in die Situation hier.

Indischer Tempel

In meiner Phantasie reise ich nun nach Indien. Es ist ein sonniger Morgen, und ich überquere eine hölzerne Brücke, die über den Ganges führt. Breit und gemächlich fließt der graugrüne Fluß unter mir dahin.

Am anderen Ufer angelangt überblicke ich die weite, grünbewachsene Flußlandschaft. Inmitten der leuchtend grünen Hügel liegt der weiße Tempel des Friedens, wie eine schimmernde Perle.

Mit ruhigen, festen Schritten wandere ich auf diesen schönen, majestätischen Tempel zu und durchschreite einen Nebelschleier, der in der Morgensonne golden aufleuchtet und sich allmählich auflöst. Vor mir erstrahlt der Tempel in seiner ganzen Schönheit. Ich betrachte die goldverzierten Zwiebeltürme und das hohe, säulengeschmückte Portal.

Weiße Marmorstufen führen mich hinauf in den Tempel und ich betrete ihn ehrfürchtig. Das hohe Kuppelgewölbe ist mit einem Mosaik goldener Sterne auf blauem Grund versehen, und der Innenraum des Tempels liegt in schimmernd weißem Licht vor mir.

Ein wunderschöner zarter Duft umfängt mich, und ich nehme die Atmosphäre der Reinheit und des Friedens in mich auf.

Den Altar bildet die Statue einer meditierenden Gottheit, die mit duftenden Blütenkränzen geschmückt ist. Zu ihren Füßen brennen einige Kerzen und kostbares Räucherwerk aus balsamartigen Duftessenzen.

In der Mitte des Marmorbodens ist ein rundes Becken eingelassen. Es ist bis zum Rand mit klarem Wasser gefüllt, und darauf schwimmt eine leuchtend weiße Lotosblüte.

Ich lasse mich an dem klaren Lotosbecken nieder und stimme mich auf die wunderbare Stille und Reinheit dieses Ortes ein. Mit jedem Atemzug nehme ich den zarten Duft und den tiefen Frieden in mich auf. Ich spüre nur das leichte, seidige Fließen meines Atems.

Ein Gefühl der Leichtigkeit und Freiheit erfüllt mich. Ich fühle mich vollkommen zufrieden und glücklich.

Gereinigt und erfrischt verlasse ich den Tempel nun wieder und trete hinaus in das strahlende, warme Sonnenlicht.

Erholt und von tiefem Frieden erfüllt, komme ich nun innerlich wieder hier in der Situation an.

Bootsfahrt in den Sonnenaufgang

Es ist eine warme, sternklare Sommernacht, und ich treibe in einem hölzernen Boot auf einem kleinen Bergsee. Ich schaue in den nächtlichen Himmel hinauf und betrachte die unzähligen Sterne, die im tiefen Blau des Kosmos schimmern. Nur das leise Plätschern eines Wasserfalls ist zu hören.

Sanftes Mondlicht erhellt die Berglandschaft und spiegelt sich auf dem See. Langsam gleitet mein Boot über die silbrigen Wellen, und ich treibe auf den Fluß hinaus. Ich vertraue mich diesem breiten Strom an, der gemächlich dahinfließt.

Die erste Morgendämmerung läßt den Himmel zart aufleuchten, und ich genieße das Gefühl der Stille und Frische. Auf dem Strom treibe ich der Morgenröte entgegen, vorbei an der Wiesenlandschaft, die im Morgenrot aufzuleuchten beginnt.

Vereinzelte fröhliche Vogelrufe erfüllen die Klarheit dieses frühen Morgens, und die gesamte Natur scheint ehrfürchtig auf den Sonnenaufgang zu warten. Der Fluß glüht rosarot auf.

Der erste, blendend helle Sonnenstrahl blitzt über den Horizont. Von jubilierendem Vogelzwitschern begleitet, erhebt sich die goldene Morgensonne langsam und majestätisch.

Allmählich verbreitert sich der Strom und öffnet seine Ufer der Weite des Meeres, auf das ich nun hinaustreibe.

Funkelnd spiegelt sich die Morgensonne auf den Meereswellen und bildet eine Straße aus gleißendem Licht, auf dem ich der Sonne entgegengleite. Mit einem tiefen Atemzug nehme ich das warme, goldene Leuchten in mich auf; ich bade im Licht und lasse mich bis ins Innerste davon durchstrahlen.

Ich verschmelze mit dem herrlichen, goldenen Sonnenlicht und fühle mich darin vollkommen geborgen und glücklich.

Voller Freude und erfüllt vom warmen, sonnigen Leuchten komme ich innerlich wieder zurück in die Situation hier.

Oase

Ich wandere durch eine weite, sandige Wüstenlandschaft.

Der gelbe, staubige Boden hebt sich flirrend hell vom tiefblauen Himmel ab, und ich spüre die Hitze, die hin und wieder vom Wind gemildert wird. Mein Atem verbindet mich mit dem leuchtenden Blau des Himmels, und ich spüre, wie mein Brustkorb ganz weit und frei wird.

Ich gehe geradewegs auf eine Oase zu. Beim Näherkommen sehe ich einen kristallklaren, türkisfarbenen See, der wie ein funkelndes Juwel in die Wüste eingebettet ist. Er ist eingerahmt von Palmen und üppigen Pflanzen mit exotischen, leuchtenden Blüten.

Von meiner Wanderung erhitzt und staubig, freue ich mich auf ein erfrischendes Bad. Rasch lege ich meine Kleidung ab und tauche in das türkis schimmernde Wasser ein. Herrlich erfrischend und seidig fließt es um meinen Körper. Ich spüre, wie mich das klare Wasser körperlich und seelisch reinigt. Bewußt nehme ich die Kühle des klaren Wassers im Gesicht wahr, während ich mit offenen Augen tauche. Bis auf den sandigen Grund des Sees strahlt das goldene Sonnenlicht.

Erfrischt steige ich wieder aus dem Wasser und fühle mich wunderbar gereinigt und klar. Am Ufer liegt frische, luftige Kleidung aus weißer Seide, die ich überziehe. Mein Haar trocknet im warmen Wind und die Sonne durchwärmt mich wohlig.

Mit diesem Gefühl der Reinheit und Frische komme ich in Gedanken hier in der Situation an.

Wanderung zum Bergsee

Ich bin mit einem Rucksack auf dem Rücken unterwegs zu einem Bergsee, der auf dem waldigen Hochplateau eines Berges liegt. Der staubige Weg schlängelt sich zwischen Büschen und Sträuchern den Berg hinauf, und ich rieche den würzigen Duft von Thymian und anderen Kräutern.

Die warme Nachmittagssonne und der lange Fußmarsch haben mich erhitzt. Doch ich will den See noch vor Sonnenuntergang erreichen, um von dort aus die Landschaft zu überblicken. So wandere ich mit entschlossenen Schritten weiter bergan.

Es ist bereits spät am Nachmittag, als ich endlich auf dem Hochplateau ankomme. Und die Schönheit dieser unberührten Landschaft belohnt mich. Aufatmend lasse ich den Rucksack von den Schultern gleiten und betrachte den tiefblau schimmernden, von grünen Pflanzen und Zypressen eingerahmten See, der still und klar vor mir liegt. Friedlich und schön erhebt sich der Bergsee über die weite, dunstige Landschaft und scheint mit dem Himmel zu verschmelzen, dessen klares Blau er widerspiegelt.

Ich lasse mich am Ufer nieder und spüre den sanften Wind, der über mein Gesicht streicht. Golden leuchtend sinkt die Sonne dem See entgegen.

Mittlerweile steht die Abendsonne genau über dem See, der wie flüssiges Gold aufleuchtet. Rasch streife ich meine Kleidung ab, um ein Bad zu nehmen.

Ich tauche in das Wasser ein wie in flüssiges Licht. Seidig umfließt das Wasser meinen Körper und schimmert wie pures Gold. Freudig tauche ich immer wieder ganz ein und lasse mich von dem funkelnden Wasser reinigen und heilend umspülen.

Die Sonne scheint den See zu berühren und läßt ihn aufglühen. Ich kann kaum genug bekommen von der belebenden Frische des leuchtenden Wassers und schwimme und tauche darin. Erst mit den letzten Sonnenstrahlen verlasse ich den See wieder und fühle mich erfrischt und gereinigt. Am Ufer habe ich frische, weiße Kleidung bereitgelegt, die ich nun überziehe.

Wie verwandelt spiegelt der See das dunstige Blau des Abendhimmels wider. Ich fühle mich wunderbar leicht und frei.

Mein Blick schweift über die weite, sanftgeschwungene Landschaft, die in der violetten Abenddämmerung liegt.

Die Klarheit und Stille des Bergsees erfüllt mich mit tiefem Frieden. Ich bin wunschlos glücklich.

Mit dieser tiefen Zufriedenheit und inneren Stille komme ich mit den Gedanken zurück in die Situation hier.

Baum

Ich stelle mir vor, ein Baum auf einer Wiese zu sein. Ich bin ein hoher, kraftvoller Baum in einer Reihe von anderen Bäumen, die einen kleinen Bach säumen.

Es ist ein früher Sommermorgen, die Sonne ist gerade aufgegangen und wirft ihr goldenes Licht über die saftig grünen Wiesenhügel.

Meine langen, kraftvollen Wurzeln greifen tief ins Erdreich hinein und ich bin fest mit der Erde verwurzelt.

Aus dem Erdreich trinke ich die Kraft der Natur, die beständig emporflutet. Diese Energie strömt in mir hinauf durch den Stamm und durchfließt meine Baumkrone.

Mein kräftiger Stamm mündet in dicke, emporstrebende Äste, die sich zum Himmel hinaufrecken und sich immer feiner verzweigen. So wachse ich hoch nach oben und öffne mich mit ausladenden Ästen dem Himmel, um seine Weite zu spüren.

Ich genieße voller Vergnügen, wie der Sommerwind durch meine grünen Blätter weht und sie flirren und tanzen läßt. Erfrischend streicht der Wind durch meine Baumkrone und verbindet mich mit der Weite des Himmels.

Meine Blätter trinken die warmen, goldenen Sonnenstrahlen. Die von oben einstrahlende Lebensenergie der Sonne durchströmt mich leuchtend.

Kraftvoll und ruhig stehe ich in der weiten Landschaft, unerschütterlich fest in der nährenden Erde verwurzelt und dabei hoch in den klaren, blauen Himmel emporgestreckt.

Ich bringe das Gefühl der Kraft und unerschütterlichen Ruhe ganz mit zurück in die Situation hier.

Yin und Yang

Ich fühle mich wunderbar gelöst und frei. In Gedanken beschäftige ich mich einmal mit den positiven Eigenschaften meines männlichen Selbst.

Ich verfüge über einen starken Willen, über Logik und Intelligenz. Ich bin aktiv, mutig und kraftvoll. Mein Kopf ist hellwach. Ich besitze Verstand und einen klaren Geist.

Nun konzentriere ich mich auf die Qualitäten meines weiblichen Selbst.

Sanfter Frieden erfüllt mich wohltuend. Ich strahle Freundlichkeit und Wärme aus. Mein ganzes Wesen ist von einem Gefühl der Heiterkeit und Freude erfüllt.

Ich fühle mich wohl in meiner Haut. Vor meinem inneren Auge taucht das Yin-und-Yang-Zeichen in Rot und Blau auf.

Dann verschmelzt das Rot mit dem Blau und daraus entsteht leuchtendes Violett. Diese violette Scheibe erstrahlt vor goldenem Hintergrund.

In Gedanken wiederhole ich den Satz "Mein männliches und weibliches Selbst sind in Harmonie".

Mit einem Gefühl der Klarheit und Lebensfreude treffe ich innerlich hier in der Situation ein.

Chakra-Farbmeditationen

Bei den folgenden Übungen machen wir uns die stimulierende Wirkung der Farben zunutze, um die harmonische Funktion der Chakren zu fördern.

Regenbogen

In meiner Vorstellung lasse ich mich nun von den Farben des Regenbogens durchstrahlen.

Die Beine sind entspannt, warm und gut durchblutet bis zu den Fußsohlen. Ich sehe die Beine in meiner Phantasie von rotem Licht durchstrahlt; dieses Leuchten fühlt sich warm und kraftvoll an.

Die Beckenorgane sind locker und gelöst. Der Becken-raum ist von orangefarbenem Licht erfüllt, das Vitalität und Lebensenergie weckt.

Die Bauchmuskeln sind entspannt, Magen und Bauch-raum sind locker und weich. Sonniges Gelb durchströmt den Bauch mit wohliger Wärme und Frieden.

Der Brustraum ist ganz weit und frei, ich atme leicht und gelöst. Ein duftiges, helles Frühlingsgrün durchstrahlt den Brustkorb mit einem Gefühl der Leichtigkeit und Frische.

Ich spüre meinen Hals und stelle ihn mir in strahlendem Türkis vor, das klar und befreiend wirkt.

Meine Stirn- und Augenpartie ist ganz entspannt und leuchtet in einem kühlenden Blau.

Die Aufmerksamkeit wandert zum höchsten Punkt des Kopfes, dem Scheitel. Ich bin hellwach und visualisiere den oberen Kopfbereich von leuchtendem Violett durchstrahlt. Tiefer geistiger Frieden und Klarheit erfüllen mich.

Nun schaue ich in blendend weißes Sonnenlicht, in dem sich alle Farben auflösen. Alle Zellen meines Körpers werden von diesem gleißend hellen Licht durchstrahlt. Es wirkt reinigend und heilend. Pure Lebensenergie durchströmt mich.

In meiner Vorstellung wandere ich nun wieder zurück durch die Regenbogenfarben. Ich sehe das leuchtende Violett; das klare, kühle Blau; erfrischendes Türkis; helles Frühlingsgrün; sonniges Gelb; strahlendes Orange und warmes Rot.

Selbstbewußt und voller Energie tauche ich wieder in der Situation hier auf. Bewußt nehme ich Verbindung mit der Erde auf und spüre mein Körpergewicht.

Edelsteinhöhle

Ich gehe durch eine schöne, sonnendurchstrahlte Landschaft. Der frische, sommerliche Duft von Wiesenblumen und Gräsern erfüllt die Luft, und ich spüre den warmen Wind auf der Haut. Mir wird bewußt, wie wunderbar frei und leicht ich mich fühle.

Vor mir erhebt sich ein Berg, der hoch hinaufragt. Am Fuße dieses Berges angelangt, entdecke ich eine Berghöhle. Ich betrete den Höhlengang, der leicht bergauf führt, und erblicke funkelnde, rosarote Rubine an den Wänden. Es ist wie im Märchen - ich befinde mich in einer Edelsteinhöhle.

In der Ferne sehe ich das weiße Tageslicht hereinscheinen, das die Edelsteine aufleuchten läßt. Neugierig gehe ich weiter in die Höhle hinein, vorbei am rosigen Glitzern der Rubine, und gelange zu orange leuchtenden Karneolen. Der Gang ist in orangefarbenes Licht getaucht.

Während ich weitergehe, verwandeln die Edelsteine ihre Farbe in sonniges Gelb. Von allen Seiten leuchtet goldgelber Topas auf.

Ich wandere weiter und rings um mich herum erstrahlt das sanfte, grüne Leuchten von Smaragden.

Das schimmernde Grün wird heller und verändert sich in das helle Türkis der Aquamarine.

Beschwingt und leichtfüßig wandere ich weiter hinauf und gelange zu den klaren, tiefblauen Saphiren, die wunderbar funkeln.

Schließlich komme ich im oberen Bereich der Berghöhle an, in dem Amethyste in tiefem Violett erstrahlen. Das Leuchten und Glitzern dieser Edelsteine hüllt mich in ein schimmerndes, violettes Licht.

Es sind nur noch einige Schritte bis zum Ausgang der Höhle, und ich blicke hinauf zu der hohen Kuppel, in welche der Höhlengang mündet: unzählige funkelnde Diamanten tauchen den Ausgang in blendendweißes Glitzern. Ich erfreue mich an dieser Schönheit und verweile noch einen Moment, ehe ich die Höhle wieder verlasse.

Nun trete ich hinaus ins warme Sonnenlicht und befinde mich hoch auf einer Bergwiese. Die Sonnenstrahlen durchwärmen mich, und ich spüre wieder den duftenden Sommerwind, der über meine Haut und mein Haar streicht.

Mit jedem Atemzug nehme ich die klare Bergluft in mich auf und beginne leichtfüßig mit dem Abstieg. Dabei fühle ich mich wie gereinigt, ganz frisch und klar. Schließlich gelange ich wieder zum Fuß des Berges.

Erholt und friedlich lasse ich die Gedanken nun hier in der Situation eintreffen.

Farbige Lichtfelder

Ich begebe mich auf eine Wanderung durch die Farben des Regenbogens.

Zunächst trete ich ein in einen leuchtend roten Farbnebel, der mich warm umstrahlt.

Der leuchtende Nebel wird heller und wandelt sich in ein helles Orange, das mich ganz umgibt und mit Energie auflädt.

Vom orangefarbenen Lichtnebel wandere ich in ein sonnig gelbes Lichtfeld. Wohlig durchwärmt mich das heitere Gelb und erfüllt mich mit Harmonie.

Das Sonnengelb geht über in ein zartes, helles Frühlingsgrün, das wunderbar heilend wirkt. Ich atme auf und fühle mich leicht.

Nun gelange ich in einen strahlenden, türkisfarbenen Lichtnebel, der mich mit Frische durchweht. Ich bin sehr wach und klar.

Diese Lichtfarbe wird zu reinem Himmelblau. Mein Geist vermag sich auszudehnen in dieses blaue, weite Leuchten. Mit jedem Atemzug atme ich Weite und Freiheit. Mein Brustkorb scheint sich zu öffnen, und ich fühle mich frei und grenzenlos.

Das klare Blau verwandelt sich in ein schimmerndes, opalisierendes Violett. Geheimnisvolles, tiefes Leuchten umgibt mich, und ich nehme mich selbst ganz intensiv wahr. Ich verspüre einen wohltuenden geistigen Frieden und tiefe innere Stille.

Mit einem Mal blitzt ein heller Lichtstrahl auf, und ich trete aus dem Regenbogen hervor in blendend weißes Sonnenlicht. Die Sonnenstrahlen durchwehen mich mit Licht. Ich habe das Gefühl, in diesem funkelnden Licht zu schweben, darin zu baden und bis ins Innerste davon durchstrahlt zu sein.

Lichtdurchflutet und voller Energie komme ich mit meinem Bewußtsein wieder in meiner Situation an. Weißes Leuchten umgibt mich schützend wie ein Lichtmantel, und ich bleibe weiterhin im Zustand des wohligen Friedens.

Kraftvoll aktiviere ich meinen Körper, spanne alle Muskeln durch und fühle mich sehr wach und lebendig.

Chakra-Blüten

Meine Chakren sehen wie farbige, leuchtende Blüten aus. Zunächst konzentriere ich mich auf mein Basis-Chakra an der Basis der Wirbelsäule und sehe es als rote Blüte aus Licht.

Nun stelle ich mir mein Sakral-Chakra als strahlende, orangefarbene Lichtblüte vor.

Das Bauch-Chakra fühlt sich warm an und schimmert in sonnigem Gelb.

Das Herz-Chakra ist wie eine Blüte, die in der Mitte rosa aufleuchtet und von grünen Blütenblättern umrahmt ist.

Ich fühle mein Hals-Chakra und visualisiere es als helle, türkisfarbene Lichtblüte.

Meine Aufmerksamkeit richtet sich auf die Stirn, dabei stelle ich mir mein Stirn-Chakra als duftig-frische blaue Blüte vor.

Ich spüre mein Scheitel-Chakra und sehe es als große, violette Lichtblüte.

In meiner Vorstellung gehe ich alle Chakren von oben nach unten nochmals durch und stelle mir dabei vor, daß sich jede Blüte wieder zur Knospe schließt.

Farbige Seidentücher

Ich lasse mich ganz tief in die wohlige Ruhe hineinsinken, bis ich mich vollkommen gelöst und frei fühle. Der Atem fließt sanft, und ich bin ganz wach und klar.

Meine Phantasie versetzt mich nun an einen wunderschönen, weißen Strand auf Bali. Ich wandere unter den Palmen entlang und höre das sanfte Plätschern der Brandung.

Vor mir finde ich einen Berg großer Seidentücher auf dem Sand und jedes Tuch hat eine andere leuchtende Farbe.

Aus diesem Bündel beginne ich nun die schönste Farbe für mich auszuwählen. Ich betrachte das leuchtend rote Tuch. Dann greife ich ein orangefarbenes aus dem Berg von Tüchern und lasse es im Wind wehen. Als nächstes halte ich ein sonniggelbes Tuch in Händen. Das zartgrüne Tuch halte ich gegen die Sonne, sodaß es aufleuchtet. Und ich betrachte den hellen Schimmer auf dem türkisfarbenen Tuch.

Ein strahlend blaues Seidentuch zieht sodann meinen Blick auf sich. Schließlich finde ich ein Tuch aus violetter Seide und lasse es im Wind fließen und glänzen.

Es sind noch einige weitere, zarte Farben in dem Bündel vorhanden und ich suche mir nun die Farbe aus, die ich als schön und wohltuend empfinde.

Das ausgewählte Tuch lasse ich ausgebreitet im warmen Wind wehen und erfreue mich an dem sanften Leuchten der Seide.

Mein Tuch ist so groß, daß es meinen ganzen Körper wie einen Sari umhüllt. Leicht und duftig schmiegt sich die Seide auf die Haut. Ich bin ganz in die seidig schimmernde Farbe eingehüllt.

Wohliger, duftiger Frieden umgibt mich. Der warme Wind läßt das Seidentuch zart und kühlend über meine Haut fließen.

Dieses duftige, angenehme Gefühl bringe ich nun mit in die Situation hier.

Chakra-Harmonisierung

Beginne die folgende Übung mit dem Basis-Chakra und sprich jeden Begriff in Gedanken im Rhythmus eines Atemzuges, denke zum Beispiel "Rote Feuerkraft..." während des Einatmens, und während des Ausatmens "... der Erde". Die Aufmerksamkeit ist jeweils auf das betreffende Chakra gerichtet. Wiederhole jeden Begriff dreimal, also drei Atemzüge lang pro Chakra, wobei der Atem tief und langsam fließt.

1.	Basis-Chakra:	"Rote Feuerkraft... der Erde"
2.	Sakral-Chakra:	"Energie... und Lebensfreude"
3.	Solar-Plexus-Chakra:	"Wohlig warmer... Frieden"
4.	Herz-Chakra:	"Goldene Morgensonne... der Liebe"
5.	Hals-Chakra:	"Klarheit... und Freiheit"
6.	Stirn-Chakra:	"Kühle... und Wachheit"
7.	Scheitel-Chakra:	"Göttlicher... Geist"

Diese Chakra-Harmonisierung eignet sich auch besonders als Einstimmung auf die Meditation. Außerdem kannst Du Dich mit dieser Übung nach einer Meditation erden und zentrieren, indem Du in umgekehrter Reihenfolge, also vom Scheitel-Chakra zum Basis-Chakra, vorgehst.

Herz-Chakra-Meditationen

Wie bereits erwähnt, ist das Herz-Chakra für unsere Lebensfreude und den inneren Bewußtseinszustand verantwortlich.

Durch Empfindungen und Gedanken der Aversion, Verurteilung oder Aggression, sowie der Gier, Eifersucht oder Angst wird Energie absorbiert und das Herz-Chakra blokkiert, das heißt, der subtile feinstoffliche Lebensstrom kann nicht mehr frei fließen. Die Folgen können sich in Form innerer Leere, Lustlosigkeit, Müdigkeit oder Depression äußern, häufig gehen sie mit Charaktereigenschaften wie Mißgunst, Verbitterung oder Selbstmitleid einher.

Die folgenden Bildmeditationen wirken heilend und befreiend auf das Herz-Chakra; zusätzlich sollte man versuchen, liebevoller und konstruktiver zu denken.

Die Übungen sind in zwei Kategorien unterteilt. Zunächst findest Du Visualisierungen, die Dir helfen, Dich von Blokkaden und Aversionen zu befreien. Bitte bedenke dabei, daß selbst begründet erscheinende Aversionen oder Antipathien in erster Linie Dich selbst schädigen, indem Deine Lebensfreude und Gesundheit beeinträchtigt wird. Befreie Dich von diesem schädlichen und nutzlosen Ballast, auch wenn dies zunächst auf starken inneren Widerstand stoßen sollte!

Die Meditationen aktivieren die Liebesfähigkeit und den Fluß der Lebenskraft. Liebe ist dabei identisch mit der universellen Lebensenergie, die den ganzen Kosmos ebenso durchdringt wie jedes Atom unseres Seins. Diese bedingungslose, lebensspendende Kraft der Liebe wollen wir in uns erwecken, bewußt erleben und ausstrahlen, leuchtend und warm wie die Sonne. So wie die Natur unaufhörlich neues Leben in verschwenderischer Vielfalt und Schönheit entstehen und wachsen läßt, können auch wir in diesen göttlichen Strom der Lebensenergie eintauchen, indem wir geben, indem wir Liebe in Taten und Gedanken ebenso frei und selbstverständlich verschenken, ohne eine Anerkennung oder Gegenleistung zu erwarten. Die "Belohnung" besteht in einer Freude und Lebendigkeit, welche die materielle Dimension ohnehin weit übertrifft.

Auflösung einer Blockade

(Führe diese Übung so oft aus, bis Du Deiner "Konfliktperson" innerlich friedlich begegnen kannst).

Ich fühle mich wunderbar tief entspannt, der Atem fließt leicht und frei. Meine Stirn ist kühl und frisch. In dieser wohligen Ruhe bleibe ich hellwach und klar.

Jetzt lasse ich die Person vor meinem inneren Auge erscheinen, die ich nicht mag oder mit der ich zerstritten bin. Dabei atme ich tief durch und bleibe in tiefem, behaglichem Frieden. Ich fühle mich wohl in meiner Haut und bin zufrieden. Meine Gedanken bleiben ganz ruhig und klar.

Und nun betrachte ich diesen Menschen einmal wohlwollend. Ich setze meine Willenskraft dafür ein, diesen Menschen einmal überpersönlich und freundlich zu sehen, ganz gleich, wie er sich verhalten hat.

Welche seiner positiven Eigenschaften kenne ich? Erinnere ich mich an ein nettes Verhalten von ihm?

Nun lasse ich alle inneren Widerstände los, allen Groll oder Ärger. Ganz entschieden löse ich mich von diesem überflüssigen und unnützen Ballast! Ich verzeihe diesem Menschen seine Schwäche und mache sein Verhalten nicht länger zu meinem Problem. Und ich schließe Frieden mit diesem Menschen. Er kann mich nicht länger verletzen oder ärgern, ganz gleich, was er tut.

In meiner Vorstellung reiche ich diesem Menschen die Hand und lächle ihn an. Er lächelt überrascht zurück und drückt meine Hand. Dabei spüre ich das wohltuende, erleichternde Gefühl der Versöhnung.

Ich erfreue mich auch an meiner Toleranz und Warmherzigkeit. Dabei fühle ich mich richtig erleichtert und gelöst. Jeder Atemzug erfüllt meinen Brustkorb mit einem Gefühl der Weite und Freiheit.

Aus meinem Wohlbefinden heraus überlege ich mir einen ehrlichen, positiven Wunsch für diesen Menschen, beispielsweise gute Laune oder Erfolg. Ich sehe ihn lächelnd und gesund.

Mein Herz leuchtet sonnig und warm. Zufrieden und erleichtert komme ich wieder hier in der Situation an.

Harmonisierung des Herz-Chakras

(Jeder positive Gedanke und jedes positive Gefühl verbessert Deine Stimmung, Dein Wohlbefinden und Deine Gesundheit).

Mein ganzer Körper ist sanft durchpulst von Wärme, die sich bis in die Fingerspitzen ausbreitet.

Die Fingerspitzen der linken Hand lege ich leicht auf mein Herz-Chakra. Ich lasse meinen Atem als leuchtende Lebensenergie zu meinem Herzzentrum strömen. Mit jedem Einatmen nehme ich sonniges Leuchten auf und lasse es sanft in mein Herz-Chakra fließen, beim Ausatmen strahlt goldenes Leuchten aus dem Herz-Chakra aus.

Jeder Atemzug reinigt mein Herzzentrum und läßt es aufleuchten. Mit jedem Atemzug fühle ich mich freier und gelöster, mein Brustkorb ist ganz weit und frei. Der ganze

Brustraum ist von sonnig leuchtender Lebenskraft erfüllt, die auch mein Herz sanft durchstrahlt.

Spontan lasse ich irgendeinen beliebigen Menschen in meinen Gedanken auftauchen. Diese Person betrachte ich freundlich und liebevoll und finde eine positive Eigenschaft, etwas Sympathisches, Liebenswertes.

Ich stelle mir diesen Menschen lächelnd vor, gutgelaunt und gesund. In meiner Vorstellung schenke ich ihm oder ihr eine schöne, duftende Blüte.

Nun lasse ich das warme, goldene Leuchten meines Herz-Chakras zu diesem Menschen hinstrahlen und sehe dabei sein Herz-Chakra ebenfalls leuchtend und voller Wärme.

Ich konzentriere mich wieder ganz auf mich selbst und genieße mein lichtdurchflutetes Bewußtsein. In meinem Inneren breitet sich tiefer, heilender Frieden aus.

In diesem inneren Zustand bleibe ich, wenn ich wieder in der Situation hier eintreffe.

Ausstrahlung von Harmonie und Licht

Ich ruhe tief entspannt in mir selbst und genieße das Gefühl des Friedens und der Stille.

Mein Bewußtsein stimmt sich auf die Wahrnehmung des göttlichen Lichts ein, welches alles Sein durchstrahlt und allgegenwärtig ist.

Ich öffne mich diesem sonnigen Licht, indem ich in Gedanken die Arme ausbreite und mit einem inneren Lächeln dieses Licht einlade, mich zu durchfließen. Wie ein Trichter bin ich dem einstrahlenden sonnigen Lichtstrom geöffnet und lasse mich hell und golden durchfluten.

Ich bitte mein Herz, sich ganz weit zu öffnen, das Licht aufzunehmen, und es wieder auszustrahlen. Mein Herz-Chakra leuchtet auf, es öffnet sich weit und voller Wärme.

Mit jedem ruhigen, tiefen Einatmen flutet das göttliche Licht blendend hell in meinen Körper ein, und mit jeder tiefen Ausatmung sende ich das Licht aus meinem Herz-Chakra aus, als warmen, goldenen Lichtstrahl.

Diesen Lichtstrahl lenke ich nun gezielt auf eine Person, eine Gruppe oder einen Raum. In dieses "Kanalisieren" des Lichts vertiefe ich mich ganz, indem ich bei der Einatmung denke: "Das göttliche Licht..." und bei der Ausatmung: "... strahlt Liebe und Frieden aus." Während der Ausatmung visualisiere ich, wie der Lichtstrahl aus meinem Herzen die Person oder den Raum aufleuchten läßt, vergleichbar einem blendend hellen Scheinwerfer.

Ich genieße das warme, sonnige Fließen des Lichtstroms und die Empfindung von Frieden und Harmonie.

Mit einem Gefühl der Dankbarkeit bleibe ich mit dem göttlichen Licht verbunden und werde mir wieder meines Körpers und meiner Umgebung bewußt. Abschließend aktiviere ich den Körper kräftig und spüre dabei meine Kraft und mein Selbstvertrauen.

Liebe aussenden

Wunderbarer Frieden umhüllt mich, und ich ruhe warm und geborgen in mir selbst. Der Brustkorb ist weit und frei. Mein Atem fließt sanft.

Sonniges Leuchten erfüllt den ganzen Brustraum und ich spüre liebevolle Wärme in mir.

Ich denke nun an einen Menschen, der in Schwierigkeiten ist, der gesundheitliche oder psychische Probleme hat. Mit liebevoller Aufmerksamkeit betrachte ich kurz sein Problem.

Dann sehe ich ihn in seinem Idealzustand: frei, glücklich und gesund. Ich visualisiere ihn in strahlendem Sonnenlicht, lichtdurchflutet, hell und klar. Dabei stelle ich ihn mir lächelnd vor, erfolgreich und voller Energie. Er strahlt Freude aus.

Meine Aufmerksamkeit bleibt intensiv auf dieses Idealbild gerichtet, denn es schenkt diesem Menschen Kraft und Hilfe. Ich heile und stärke ihn mit meinen liebevollen und guten Gedanken. Dann umhülle ich ihn schützend mit einer weißen Lichtaura.

Schließlich konzentriere ich mich wieder ganz auf mein wohlig warmes Körpergefühl. Ich bin von liebevoller Wärme und Lebenskraft erfüllt.

Mein Bewußtsein ist wach und klar. Meine Gedanken treffen wieder ganz hier in der Situation ein.

Morgensonne

Ich genieße den sanften Frieden in meinem Inneren. In dieser inneren Stille finde ich Klarheit. In mir eröffnet sich eine wohltuende Weite.

Vor meinem inneren Auge taucht das Bild einer saftig grünen Bergwiese mit einem kleinen See auf. Rosa Morgendämmerung spiegelt sich schimmernd in dem klaren Bergsee und läßt die Landschaft sanft aufleuchten.

Mit tiefen, ruhigen Atemzügen nehme ich das rosa Morgenlicht in mich auf. Der Brustkorb fühlt sich frisch und weit an, er ist durchstrahlt von dem rosigen Leuchten. Ich genieße das Gefühl des frischen, klaren Morgens, das mich erfüllt. Mit jedem Atemzug fühle ich mich frei und wie gereinigt.

Über dem Horizont erstrahlt ein warmes, goldenes Leuchten. Ich bin vollkommen eins mit der Landschaft und dem

Morgenhimmel, und ich nehme das goldene Leuchten in meinem eigenen Inneren wahr.

Nun blitzt der erste goldene Sonnenstrahl über den Horizont und funkelt auf den Wellen des Bergsees. In meinem Brustkorb fühle ich das helle, warme Leuchten des Sonnenstrahls.

Langsam erhebt sich die Morgensonne über der Landschaft, und ich spüre den Sonnenaufgang in meinem Inneren - golden, strahlend und befreiend.

Auch die grüne Natur ist in goldenes Licht getaucht; bunte Wiesenblumen und Gräser glühen auf, und ich betrachte die Tautropfen, die wie unzählige Diamanten auf der Bergwiese glitzern. Fröhliches Vogelgezwitscher erfüllt die klare Morgenluft. All diese Schönheit nehme ich in meinem Inneren wahr, auch den erfrischenden, sanften Wind, der nach Frühling duftet.

Golden und warm leuchtet die Morgensonne in meiner Brust, und ich bin von Freude erfüllt. Ich lasse das Sonnenlicht aus meinem Inneren ausstrahlen.

Mein ganzer Körper ist warm und voller leuchtender Energie. Meine Gedanken treffen wieder ganz klar und wach hier ein.

Rosenblüte

Ich sammle meine Aufmerksamkeit im Herz-Chakra und spüre dessen Mittelpunkt.

Mein Herz-Chakra ist eine wunderschöne, rosafarbene Rosenknospe. Warmes Sonnenlicht strahlt sanft auf die Knospe, die sich vorsichtig zu öffnen beginnt, um dieses sonnige Leuchten aufzunehmen.

Immer weiter entfalten sich die seidig schimmernden Blütenblätter und lassen die goldene Wärme hereinfluten.

Nun hat sich die Rosenblüte der Sonne ganz weit geöffnet, rosa leuchtend und duftig. Sie trinkt die Sonnenstrahlen und nimmt das lebensspendende Licht in sich auf, dabei verströmt sie einen zarten, wunderschönen Duft.

Dieses sonnige Leuchten lasse ich hereinscheinen, bis ich ganz davon erfüllt bin. Warme, sonnige Lebenskraft fließt durch meinen Körper und durchstrahlt jede Zelle mit frischer Energie.

Nun schließt sich die duftige Rosenblüte wieder ein wenig, um geschützt zu sein.

Meine Gedanken treffen jetzt hier in der Situation ein und ich spüre deutlich meinen Körper.

Goldener Lebensstrom

Ich fühle mich von wohliger Wärme und Frieden erfüllt. Über mir erstrahlt warm und golden die Sonne. In meiner Vorstellung strecke ich mich mit ausgebreiteten Armen der Sonne entgegen.

Ich tauche ein in den wunderbaren göttlichen Lebensstrom, der golden von oben herabfließt. Der sonnige Lichtstrahl durchflutet mich bis in jede Faser, bis in jedes Atom meines Körpers.

Das unaufhörliche Fließen des goldenen Lichts wirkt sonnig, klar und heilend. Ich empfange den leuchtenden Fluß der Lebensenergie, der mich reinigt und alle alten Blockaden fortspült. Lebenskraft und Liebe erfüllen mich.

Nun bin ich im göttlichen Strom der Liebe. Ich gebe mich dem sonnigen Fließen hin und öffne mich dafür. Mein Herz-Chakra fühlt sich weit und frei an, und in seinem Zentrum verspüre ich strahlende Wärme.

In meinen Gedanken taucht immer wieder der Satz auf: "Ich bin geliebt." Mein Herz-Chakra leuchtet wie eine kleine

Sonne. Ich bin durchflutet vom goldenen Lichtstrom des Lebens; ich empfange das Licht und strahle es aus.

In Gedanken komme ich wieder hier an und nehme meinen Körper wahr, meine Sitzhaltung und mein Körpergewicht. Dabei bleibe ich weiterhin im sonnigen göttlichen Strom der Liebe und strahle diese Liebe aus.

Goldener Tempel

In meiner Phantasie lasse ich einen wundervollen Tempel aus purem Gold auftauchen, inmitten einer weiten, saftig grünen Landschaft. Hohe Tore öffnen sich in alle vier Himmelsrichtungen; goldene Säulen und ornamentge-schmückte Rundbogenfenster verleihen ihm orientalische Pracht. Seine geschwungene Goldkuppel ragt hoch in das helle Blau des Morgenhimmels empor.

Ein Hauch von kühlem Morgennebel hängt noch wie ein zarter Schleier über der Landschaft. Nun geht die Sonne auf und erstrahlt über dem goldenen Tempel. Schimmernd liegt der Tempel im Glanz der Morgensonne.

In diesem Tempel ist es Brauch, jeden Morgen bei Sonnenaufgang ein Häuflein Goldstaub auf den Altar zu streuen, das vom Wind zerstäubt wird. Beim Näherkommen weht mir aus den Fenstern und Toren dieser flirrende Goldstaub entgegen und umhüllt mich mit einem leuchten-den Goldhauch.

Still und aufmerksam betrete ich diesen geweihten Tem-pel. Die klare Luft ist von funkelndem Goldstaub erfüllt, der vom Wind wie ein glitzernder Hauch hinausgeweht wird.

Mit jedem Atemzug nehme ich die Reinheit und Schönheit in mich auf. Die Stille und Klarheit des goldenen Tempels erfüllen mich.

Winzige Goldpartikel funkeln auf meiner Kleidung und meiner Haut. Ich fühle den duftigen, zarten Goldhauch in meinem Herz-Chakra.

Der goldene Schimmer umhüllt mich weiterhin ganz sanft, wenn ich innerlich nun wieder in die Situation hier zurückkehre.

Kerzenmeditation

Stelle eine brennende Kerze vor Dir auf.

Ich entspanne meinen Körper und atme tief durch. Alle Gedanken, die mich noch beschäftigen, lasse ich los und konzentriere mich auf die Kerzenflamme.

Sollte noch irgendetwas Ablenkendes in mir auftauchen, so gebe ich es in meiner Vorstellung in das Licht der Flamme.

Nun stelle ich mir vor, wie das Licht der Flamme mit jedem Einatmen in mein Herz-Chakra hereinscheint und mit jedem Ausatmen golden und warm von meinem Herz-Chakra ausstrahlt.

Aktivierung des Herz-Chakras

Tiefer wohliger Frieden erfüllt mich mit seiner heilenden Kraft wie ein duftender Balsam. Ich ruhe in mir selbst wie in einer leuchtenden Oase der Stille.

Zarte, warme Liebe umhüllt mich schützend, sie durchstrahlt mein ganzes Wesen. Jede Zelle meines Körpers nimmt die sonnige Wärme der Liebe in sich auf.

Ich lenke meine Aufmerksamkeit auf mein Herz-Chakra. Dabei spüre ich sein Zentrum als warmen, ausstrahlenden Punkt. Die einstrahlende Liebe wirkt wohltuend und erweiternd auf mein Herz-Chakra. Ein Gefühl der Freude und Leichtigkeit erfüllt meinen ganzen Brustraum.

Die einzige spürbare Bewegung besteht im sanften Fließen des Atems. Ich fühle das seidige Einfließen des Atems in meine leuchtende Innenwelt und auch das seidige Ausatmen. Mein Atem bildet die fließende Verbindung zwischen der Außenwelt und meinem Innenraum, er verbindet mein leuchtendes inneres Leben mit der Energie des äußeren Lebens, das mich umgibt.

Meinen Atem empfinde ich als leuchtenden, fließenden Liebesstrom. Ich atme sanfte, zärtliche Liebe.

Mein Atem fließt so seidig und leicht wie goldener Wind. Von diesem goldenen Wind lasse ich mich durchwehen.

Mit jedem Ausatmen weht der goldene Lichtwind zu einem Menschen, der mir spontan einfällt. Ich sehe ihn von diesem sanften, leuchtenden Wind der Liebe durchweht - heilend, befreiend und wohltuend. Dieser Mensch ist nun von Freude erfüllt, er lächelt und fühlt sich wohl. Seine Aura leuchtet sonnig.

Jetzt kehre ich wieder ganz in mein Inneres zurück und spüre mein Herz-Chakra als goldene Sonne, welche die friedliche Oase meiner Innenwelt warm durchstrahlt.

Ich genieße meine Selbstwahrnehmung. Indem ich mit den Gedanken jetzt ganz hier in der Situation eintreffe, fühle ich weiterhin das sonnige Leuchten in mir. Ich bin von wohligem, duftigem Frieden umhüllt.

Affirmationen
zur Erweckung des Herz-Chakras

Zunächst entspanne ich mich und lasse aufatmend alle Spannung los, auch in den Organen. Das Gesicht ist weich und gelöst, die Schultern sind locker.

Eine Hand lege ich leicht auf mein Herz-Chakra und spreche langsam und leise die folgenden Affirmationen:

"Ich ruhe in mir selbst wie in einer leuchtenden Oase der Stille."

"Ich atme sanfte Liebe"

"Mein Atem fließt hell und seidig durch mein Herz-Chakra"

"Jeder Atemzug durchweht mich wie goldener Sonnenwind"

"Ich sehe ... von diesem goldenen Sonnenwind durchweht. Seine/ihre Aura leuchtet und er/sie lächelt freudig".

Klärung und Aktivierung
des Mentalkörpers

Die folgenden Bildmeditationen sind von ihrer Symbolik auf den Mentalbereich ausgerichtet und dienen der Klärung und Durchlichtung der Mentalsphäre; mit anderen Worten: sie stärken das geistige Leistungsvermögen und die Konzentrationsfähigkeit, der Kopf wird wach und klar. Die Übungen ermöglichen eine größere Distanz zur eigenen Emotionalität und intensivieren die Aspekte "Vernunft" und "Verstand".

Wachheit
und Konzentrationsfähigkeit

Ich fühle mich vollkommen wohl und entspannt. All meine Aufmerksamkeit ist auf meine Selbstwahrnehmung gerichtet.

Ich spüre deutlich meine Stirn und Augenpartie. Die Augenbrauen gleiten ein wenig auseinander, die Augenlider sind entspannt, die Stirn ist frei und klar.

Die Augenlider fühlen sich angenehm kühl an und diese Kühle breitet sich bis zu den Augenbrauen aus. Die Wimpern und Augenbrauen sind wie von Tautropfen benetzt, ganz frisch und kühl. Dieses frische und klare Gefühl breitet sich über die Stirn aus, bis sich die ganze Stirn klar und kühl anfühlt.

Ich stelle mir die Stirn strahlend weiß vor, leuchtend und kühl wie frischer Schnee.

Ich bin hellwach und mein Denken ist kristallklar. Mein Bewußtsein ist von heller, klarer Intelligenz durchstrahlt.

Ich bin pures Bewußtsein, still und wach.

Nochmals konzentriere ich mich auf das erfrischende, kühle Gefühl der Augenpartie. Diese Empfindung klarer Kühle bleibt bestehen, wenn ich innerlich wieder hier in der Situation eintreffe. Mein Bewußtsein bleibt hellwach, ruhig und klar. Nun aktiviere ich den Körper kräftig.

Berggipfel

Es ist ein sonniger, warmer Morgen und ich wandere durch eine Berglandschaft. Unter meinen Füßen spüre ich das weiche Gras der Bergwiese, das in der Morgensonne saftig grün aufleuchtet.

Der frische Wind ist erfüllt vom Duft der bunten Wiesenblumen und Kräuter, und ich nehme diesen Duft mit tiefen Atemzügen in mich auf.

Mit ruhigen, festen Schritten wandere ich hinauf zum Gipfel des Berges, der sich vor mir erhebt.

Ich bin bereits so hoch hinaufgestiegen, daß ich die Landschaft zu überblicken vermag. Leichtfüßig wandere ich weiter bergan und fühle mich wunderbar frei und gelöst. Tief atme ich die erfrischende, reine Bergluft. Voller Energie klettere ich das letzte steile Stück bergauf und gelange auf das Hochplateau des Berggipfels. Von hier aus kann ich das gesamte Bergpanorama überschauen.

Wieder atme ich tief durch und genieße die klare Bergluft. Ein Gefühl grenzenloser Weite und Freiheit erfüllt mich, als sei ich hoch über der Welt angekommen. Jeder Atemzug verbindet mich mit der Klarheit des blauen Morgenhimmels. Der Atem fließt so leicht und frei wie der Wind. Mein Geist verschmilzt mit der leuchtenden, unendlichen Weite des Himmels.

Voller Freude wende ich mich zur Morgensonne und lasse mich vom goldenen, warmen Sonnenlicht durchstrahlen, als sei ich transparent wie Kristall.

Ich bin sonnendurchstrahlt; ich bin pures Licht und reines Bewußtsein. Hoch auf dem Berggipfel fühle ich mich eins mit der strahlend warmen Sonne, mit dem weiten, blauen Himmel und mit der kraftvollen Erde.

Von Licht und Klarheit erfüllt begebe ich mich nun an den Abstieg. Leichtfüßig und beschwingt wandere ich den Gebirgspfad wieder hinab. Erfrischender Wind streicht über mein Gesicht, und ich fühle mich wach und klar.

Schließlich gelange ich zurück zur duftenden, grünen Bergwiese.

Frisch und voller Energie tauche ich innerlich hier in der Situation auf.

Adlerflug

In meiner Phantasie verbindet sich mein Bewußtsein mit dem eines Adlers, der hoch über der Welt in den Berggipfeln beheimatet ist.

Mit wachem, klarem Blick überschaue ich von einem Berggipfel aus die Berge und Täler, die Felsen und Schluchten; nichts entgeht meinen scharfen, aufmerksamen Augen.

Nun entfalte ich meine mächtigen Adlerschwingen und erhebe mich mit einigen Flügelschlägen hoch in die Lüfte hinauf. Nur die Weite des Himmels umfängt mich, und ich fühle mich frei, grenzenlos frei.

Ich verschmelze mit dem Wind, lasse mich von ihm tragen und gleite über die Berggipfel und Täler. Majestätisch und souverän segle ich hoch über die weite Landschaft hinweg, über helle Felsen mit weiß leuchtenden Schneeflächen und über das schimmernde Grün der Bergwiesen, gesäumt vom dunklen Samtgrün der Wälder. Ein weiß schäumender Wasserfall entspringt einem Felsen und stürzt tief in die Schlucht hinab.

Es ist sehr klar und still in dieser Höhe. Ich bin weit weg von der Menschenwelt, deren Dörfer und Städte von hier oben wie kleine Sprenkel in der Landschaft aussehen. Muster aus Licht und Wolkenschatten ziehen über das Land.

Leicht und frei gleite ich weiter, hinweg über eine Steilküste hinaus auf das Meer, über die schimmernde Weite des Ozeans. Mit scharfem Blick erspähe ich ein Fischerboot, das als winziger Punkt auf den Wellen schaukelt.

Friedlich fliege ich über das tiefblaue Meer, dessen Wellen in der Sonne funkeln. In dieser unendlichen Weite habe ich das Gefühl, mich auszudehnen und die Klarheit und Frische des Himmels in mich aufzunehmen.

Am Horizont zeichnet sich der helle Streifen des Festlands ab, dem ich nun entgegenfliege. Wieder gleite ich hoch über die Landschaft hinweg, über winzige Dörfer und grüne Wiesen.

Umgeben von Stille, getragen vom Wind, fühle ich mich wirklich als "König der Lüfte."

Tief unter mir tauchen Hügel auf, dann Berge. Bereits von fern erblicke ich den hoch emporragenden Berggipfel, auf dem mein Adlerhorst liegt, und fliege darauf zu. Einige Male kreise ich noch in großer Höhe über meinem Berg, um die Umgebung zu beobachten, dann lasse ich mich hinuntergleiten und lande in meinem Adlernest.

Mit dem Gefühl tiefer Ruhe und Klarheit lasse ich meine Gedanken nun wieder hier ankommen und aktiviere den Körper.

Wasserfall (I)

Ich wandere an einem frühen Morgen durch eine Gebirgslandschaft. Jeder Atemzug in der frischen, klaren Bergluft wirkt belebend und befreiend.

Die Sonne scheint warm und läßt die Gräser und Blüten der Bergwiese aufleuchten. Vor mir ragen einige hohe Felsen empor, und ich höre eine Quelle plätschern. Mit festen Schritten wandere ich auf die Gebirgsquelle zu und klettere zwischen einigen Felsbrocken hindurch.

Das Plätschern und Glucksen wird immer lauter, bis ich mit einem Mal vor einem Wasserfall stehe, der einige Meter tief in ein Felsbecken hinabströmt.

Das klare Wasser schimmert in der Morgensonne, und die aufspritzende Gischt scheint aus tausend funkelnden Diamanten zu bestehen. Zwischen den Felsen wachsen Farne und Gräser, auf denen die Tropfen der Gischt glitzern. Einige der Felsen sind mit samtig grünen Moospolstern überzogen.

Ein feiner Wasserschleier sprüht durch die Luft und benetzt mein Gesicht erfrischend kühl. Ich werde durchweht von der Frische und Klarheit, die von dem Wasserfall ausgehen. Auf einem Felsblock sitzend betrachte ich das klare Strömen. Innerlich fühle ich mich dabei so frei und klar, als hätte der Wasserfall alles Bedrängende hinweggespült.

Ich spüre die Frische des Wasserschleiers im Gesicht, und die kühlen, klaren Tropfen, die in den Wimpern und Augenbrauen hängen. Die winzigen Tröpfchen in meinem Gesicht leuchten in der Sonne.

Ich fühle mich befreit und wie gereinigt. Mein Geist ist ganz frisch und hellwach.

Mit klarem, kühlem Kopf komme ich nun innerlich wieder ganz hier in dieser Situation an.

Bad im Wasserfall (II)

Es ist ein sonniger, heißer Tag, und ich wandere durch einen dichten tropischen Bergwald, vorbei an der Ruine des Inkatempels. Zu Füßen dieses uralten Tempels vernehme ich das Rauschen eines Wasserfalls. Um dorthin zu gelangen, klettere ich über einige grün überwucherte Felsblöcke.

Da eröffnet sich vor mir eine Oase der Frische. Wie ein leuchtender, kristallklarer Vorhang fließt das Wasser über einen breiten Felsen hinab in ein Becken aus Stein, das der Wasserfall im Laufe der Zeit ausgewaschen hat. Zwischen den Felsen wachsen leuchtende Grünpflanzen mit riesigen Blättern und breite Gräser, auf denen die Tropfen der Gischt funkeln. Manche der Felsen sind mit samtgrünen Moospolstern überzogen, und der Wasserfall ist umrahmt von Palmen, Lianen, sonnendurchstrahltem Blattgrün und schimmernden exotischen Blüten.

Eine herrlich erfrischende Kühle geht von dem kristallklaren Wasserfall aus. Ich fühle mich durstig und erhitzt von der Wanderung und schöpfe mit beiden Händen Wasser, um einige Schlucke zu trinken.

Nun beschließe ich, ein Bad in dem Wasserfall zu nehmen, streife die Kleidung ab und stelle mich unter den fließenden, glitzernden Wasservorhang. Wunderbare Frische flutet über meine Haut und spült die Erschöpfung und alles Störende ab. Ich stehe in dem klaren, sonnendurchstrahlten Quellwasser und strecke mich mit ausgebreiteten Armen nach oben. Die Sonne läßt die aufspritzenden Tropfen wie Diamanten blitzen.

Kühl und schimmernd strömt das Wasser über meinen Kopf und durchspült mein Haar. Ich genieße, wie erfrischend das Wasser über mein Gesicht fließt. Und ich spüre, wie das Wasser sprudelnd und weiß schäumend über meinen Körper flutet. Der Wasserfall durchspült und reinigt mich äußerlich und innerlich.

Vollkommen rein und erfrischt komme ich aus dem Wasser, das von der Haut abperlt. Ich hülle mich in mein flauschiges, weißes Badetuch, setze mich auf einen Felsen und lasse mich von der Sonne durchwärmen.

Das glitzernde, fließende Wasser und das gleichmäßige Rauschen geben mir ein Gefühl innerer Klarheit und inneren

Friedens. Mein Haar ist feucht und kühl, und auch in den Wimpern und Augenbrauen hängen noch funkelnde Wassertropfen.

Ich fühle mich frisch und wach. Mit kühlem, klarem Kopf komme ich mit den Gedanken wieder zurück in die Situation hier.

Pyramide

Ich wandere durch die Weite der Wüste geradewegs auf eine Pyramide zu. Sandgelb ragt sie in den klaren, blauen Himmel empor.

Am Fuß der mächtigen Pyramide angelangt, betrachte ich sie von unten und beginne dann, sie Stufe für Stufe hinaufzuklettern. Immer höher steige ich die gewaltige Pyramide hinauf.

Schließlich bin ich auf der Pyramidenspitze angelangt, die eine Vertiefung aufweist, in der ich fest und sicher stehen kann. Nach der Anstrengung des Aufstiegs atme ich tief durch.

Ich spüre, wie die Pyramide mich mit Kraft durchstrahlt. Auf der Pyramidenspitze bilde ich den Brennpunkt von zwei Energiefeldern: Von unten fließt die Kraft der Erde durch die Pyramide aufwärts und sammelt sich in der Spitze. Die kraftvolle Erdverbindung fühlt sich wie ein warmer, heilender Energiestrom an.

Das zweite Energiefeld wirkt von oben auf mich ein, während die Sonne in den Zenit wandert und nun genau über der Pyramide steht. Als Pyramidenspitze bilde ich das Zentrum, in dem sich die solare Energie sammelt. Ich verspüre einen mächtigen Kraftstrom auf meinen Scheitel hinabfließen. Das Sonnenlicht durchflutet mich wie flüssiges Gold, leuchtend und seidig. Ich genieße, wie mich die sonnige, pure Lebenskraft warm durchströmt.

Die Sonne hat den Zenit überschritten. Nun fühle ich mich vollkommen frei und klar. Mein Bewußtsein ist hellwach und erweitert sich. Dabei schweift mein Blick über die Weite des tiefblauen Himmels, und mein Bewußtsein öffnet sich immer weiter nach oben. Geistig verbinde ich mich mit der grenzenlosen Weite des Kosmos, in dessen unendlichem, tiefen Blau Myriaden von Planeten, Sternen, Sonnen und Galaxien erstrahlen. Die kosmische Energie, die Raum und Zeit belebt, erfüllt meinen Geist mit Klarheit.

Ich fühle mich eins mit dem unendlichen Universum und gleichzeitig fest verbunden mit dem Planeten Erde.

Meine Konzentration sammelt sich wieder in meinem Körperbewußtsein. Klar und frisch spüre ich die Stirn, die Augenpartie und den Kopf. Mein Körper ist aufgeladen mit sonniger, leuchtender Lebensenergie. Ich bin kraftvoll, ruhig und selbstbewußt. Meine Gedanken kehren in die Situation hier zurück und ich aktiviere den Körper kräftig.

Tempel im Himalaya

Ich befinde mich im Zustand vollkommener innerer Stille. Seit einigen Tagen bin ich im Himalaya-Gebirge unterwegs und fühle eine tiefe Verbindung zur Natur. Hier in der Schönheit der Bergwelt, in der Klarheit und Frische finde ich Frieden.

Die Weite des tiefblauen Himmels wirkt befreiend und ich atme tief durch. Im goldenen Licht der Morgensonne steige ich zum Gipfel des Berges hinauf.

Warm angezogen wandere ich über schneebedeckte Flächen, die das Sonnenlicht blendend weiß reflektieren. Ich habe den Eindruck, durch pures, gleißendes Licht zu gehen.

Leichtfüßig wandere ich weiter hinauf und ein leuchtendes Wärmegefühl erfüllt mich. Zu meinen Füßen funkeln und glitzern die Schneekristalle und jeder Schritt sinkt weich in den frischen Schnee ein.

Noch ein letztes, steiles Stück, und ich bin auf dem Berggipfel angekommen. Ich bin wie geblendet von der lichtdurchfluteten Schönheit, die ich hier hoch über den Wolken vorfinde. Auf diesem Berggipfel erhebt sich ein prachtvoller indischer Tempel. Schimmernd weiß wie eine Perle scheint er aus dem Schnee herauszuwachsen, wunderbar verziert mit Ornamenten, Rundbögen und Säulen, gekrönt von einer hohen Kuppel, die majestätisch in den Himmel emporragt.

Mit einem Gefühl der Ehrfurcht steige ich die weißen Stufen des Portals hinauf und betrete den Tempel. Der hohe Innenraum ist sehr klar und schlicht gestaltet und umfängt mich mit einer Atmosphäre der Reinheit und Stille.

Hoch über mir erblicke ich die Kuppel des Tempels, deren Spitze von einem großen Kristall gebildet wird. Durch diesen Kristall fällt das Licht der Mittagssonne wie ein gebündelter Strahl in die Mitte des Tempels hinab. In diesem gleißenden Lichtstrahl lasse ich mich nun zur Meditation nieder. Das Sonnenlicht strahlt hell auf meinen Scheitel und mit einem tiefen Atemzug öffne ich mich dem weißen Licht, das mich innerlich reinigt.

Mein Kopf ist ganz wach und klar, von gleißendem Licht durchstrahlt. Ich nehme die Kraft und Klarheit meines Geistes wahr, der sich in grenzenlose Weiten auszudehnen vermag, frei von Raum und Zeit. Sanfter, tiefer Frieden erfüllt mich. Ich ruhe in mir wie in einer leuchtenden Oase der Stille.

Voller Dankbarkeit verlasse ich den Tempel wieder und bleibe im klaren Bewußtseinszustand des Friedens. Von oben betrachte ich die bauschige, weiße Wolkendecke und die Gipfel der Himalayaberge, welche diese Wolken durchdringen.

Wenn ich nun mit dem Abstieg beginne, behalte ich die Stille und Reinheit des hohen, lichtdurchfluteten Berggipfels in mir. Leichtfüßig wandere ich bergab, über Schneefelder und Felsen.

Hellwach und klar treffe ich mit den Gedanken wieder in der Situation hier ein.

Mondlichtspaziergang

An einem klaren, kalten Herbstabend mache ich einen Spaziergang im Mondschein. Es ist vollkommen still und friedlich.

Mit ruhigem, festem Schritt wandere ich durch eine von Rauhreif bedeckte Wiesenlandschaft, die im silbernen Mondlicht schimmert. Die tiefe Stille dieses klaren Abends erfüllt mich mit Frieden, und ich spüre meine eigene Kraft und Wärme. Mit jedem Ausatmen bildet sich ein weiß dampfender Lufthauch.

Ich blicke hinauf zum nachtblauen Sternenhimmel in seiner klaren Weite und betrachte die unzähligen, leuchtenden Sterne. Einzelne Sterne blitzen besonders hell auf, und ich erkenne einige Sternbilder. In der Klarheit des Himmels erahne ich staunend die unendliche Tiefe des Kosmos, der zahllosen Galaxien Raum gibt und erfüllt ist von Myriaden Sternen, Sonnen und Planeten, die umeinander kreisen.

Mein Blick schweift über die silbrig weiß schimmernden Wiesen. Die Grashalme zu meinen Füßen sind von einem weißen Hauch Rauhreif überzogen, der im Mondschein funkelt. Von der Schönheit dieses Glitzerns angezogen, neige ich mich hinab, um es genauer anschauen zu können. Die Rauhreifkristalle sind so winzig, daß sie mit bloßem Auge nicht erkennbar sind, aber sie funkeln gleißend hell wie feinste Diamanten. Fasziniert betrachte ich die aufblitzenden

Grashalme und Pflanzen, deren Schönheit auf wunderbare Weise mit dem nachtblauen Sternenhimmel harmoniert. Angesichts dieser geheimnisvollen Schönheit der Natur verspüre ich Ehrfurcht.

Schließlich löse ich mich von der im Mondlicht funkelnden Wiese und mache mich auf den Rückweg.

Ich fühle mich ganz wach und klar, erfüllt vom tiefen Frieden und der Stille dieses Abends. Meine Gedanken kommen nun hier in der Situation an.

Schneesonne

Dick und warm angezogen wandere ich durch eine klare Winterlandschaft, durch frischen, weichen Schnee, der unter den Füßen knirscht. Mit jedem Atemzug atme ich die klare Reinheit der kalten Luft ein. Die Kühle erfrischt den Kopf und ich fühle mich ganz wach und klar.

Ich komme an verschneiten Bäumen vorbei und betrachte den glitzernden Schnee. Die Mittagssonne strahlt gleißend hell und wird vom Schnee reflektiert. Ich habe das Gefühl, durch blendend weißes Licht zu wandern.

Nun gelange ich zu einem kleinen Teich, der von einer dünnen Eisschicht bedeckt ist. Vorsichtig breche ich ein kleines Stück der Eisschicht heraus und betrachte die Sonne durch diese glitzernde Eisscheibe. Das klare Leuchten durchstrahlt meine Stirn und Augenpartie.

Mein Bewußtsein ist hellwach. Ich spüre meine geistige Energie und die klare Intelligenz, die meinen Kopf kühl und frisch erfüllt.

Ich befinde mich im Zustand der Reinheit und Klarheit. Meine Gedanken treffen wieder hier ein und ich bin erfrischt und hellwach.

Kristall-Meditation

Wenn Du einen Bergkristall besitzt, so stelle ihn vor Dir auf, von einer Kerze beleuchtet.

Ich betrachte (in meiner Vorstellung) den Kristall in seiner Reinheit. Er ist Symbol meiner Meditation. Nun konzentriere ich mich auf den Kristall, bis ich mich eins mit ihm fühle.

Mein Bewußtsein ist vollkommen klar, still und durchscheinend wie der Kristall. Ich bin ebenso fest und dabei einzig für das Licht offen und durchlässig.

Die Klarheit meines Geistes wird mir bewußt.

Mein Geist verweilt unbewegt in tiefer Stille. Mein Bewußtsein ist kristallklar. Das weiße Licht reiner Intelligenz erfüllt mein Bewußtsein.

Im Zustand dieser Wachheit und Klarheit komme ich innerlich wieder hier in der Situation an. Ich fühle mich frisch und voller Energie.

Sonnenmeditation

Ich nehme ein Sonnenbad und spüre den warmen Sonnenschein im Gesicht. Meine geschlossenen Augen werden von sanftem Leuchten durchstrahlt. Wenn ich ein wenig blinzele, blendet mich das gleißend helle Sonnenlicht.

Die Sonne scheint warm auf meinen Scheitel hinab, und ich öffne mich dem Licht wie eine Blüte. Ein goldener Lichtstrom fließt durch den Scheitel ein. Der Kopf ist strahlend hell und ich nehme mein Bewußtsein als pures Licht wahr.

Der goldene Lichtstrom durchflutet meinen ganzen Körper. Jede Zelle leuchtet auf, von strahlender Lebenskraft erfüllt. Mein innerer Raum, mein ganzes Empfinden besteht aus Sonnenlicht. Ich fühle mich herrlich leicht und frei.

Mein Körper erstrahlt sonnig hell, und ich spüre das Licht der Sonne als warmen, goldenen Wind, der mich durchweht. Es ist ein wunderbares Gefühl, von goldenem Sonnenwind durchweht zu werden. Ich bin verbunden mit der Sonne und ich bin selbst reines, sonniges Licht.

Strahlend und frisch komme ich mit den Gedanken wieder hier in der Situation an.

Weißes Dreieck

Der Körper ist völlig locker und wohlig warm. Ich atme auf und spüre, wie sich ein warmes, friedliches Gefühl in mir ausbreitet. Auch die Stirn ist entspannt, die Augenbrauen gleiten leicht auseinander. Die Augenlider sind gelöst, ebenso die kleinen Muskeln rund um die Augen herum. Die Stirn- und Augenpartie ist frisch und kühl.

Meine Aufmerksamkeit richtet sich auf das leichte, freie Fließen meines Atems. Mit jedem Einatmen hebt sich die Bauchdecke, mit jedem Ausatmen sinkt die Bauchdecke wieder ein.

Ich fühle das seidige Fließen des Atems in der Nase. Seidig kühl strömt der Atem ein, erwärmt strömt er wieder aus.

Diese seidige Kühle fließt mit jedem Einatmen hinauf in die Stirnpartie. Jeder Atemzug durchstrahlt die Stirn mit Klarheit und Frische.

Nun stelle ich mir auf meiner Stirn ein weißes, nach oben gerichtetes Dreieck vor. Dieses Dreieck besteht aus reinem, geistigem Licht.

Mit jedem Einatmen erstrahlt das Lichtdreieck in blendender, gleißender Helligkeit. Dieses Erstrahlen erfüllt meinen Kopf und mein Bewußtsein.

(Atmungsphase ca. 10 Minuten)

Meine Stirn ist kühl und lichtdurchstrahlt. Der Kopf ist ganz frisch und klar. Hellwach komme ich innerlich hier in der Situation an und aktiviere meinen Körper kräftig.

Selbstheilung und Energetisierung des Ätherkörpers

Die hier angeführten Selbstheilungsmeditationen basieren auf der kraftvollen Wirkung der Imagination von Licht, denn Licht stellt die Urform der Lebensenergie dar. Kein Symbol und keine Farbe vermag eine derartige Heilungskraft im Körper zu aktivieren wie die Vorstellung strahlenden, sonnigen Lichts. Alle Wesensebenen - der Körper, das Unterbewußtsein, das Denken und Fühlen, unser innerstes Selbst - reagieren auf diese Visualisierung, indem sie Energie freisetzen: Lebensenergie, Vitalität und Heilkraft.

Bei Erkrankungen aller Art kann der Heilungsprozeß intensiviert und beschleunigt werden, indem wir uns den betroffenen Körperbereich von sonnigem Licht durchstrahlt vorstellen. Das Unterbewußtsein vermag "Licht" in einen Impuls umzusetzen, welcher genau die Selbstheilungsmechanismen des Körpers in Gang setzt, die der Verletzung oder Erkrankung entsprechen.

Die bildhafte Vorstellung strahlenden Lichts wirkt nicht nur auf die gesundheitliche, sondern auch auf psychische Probleme aller Art heilend und harmonisierend. Der Ätherkörper, der den physischen Leib kontinuierlich mit Vitalenergie durchströmt, wird durch die Lichtvisualisierung gestärkt und vermag mehr leuchtendes Lebensprana aufzunehmen, was zur Verbesserung der Gesundheit und des Wohlbefindens führt.

Bevor wir jedoch zu den Lichtvisualisierungen kommen, findest Du eine "Erdungsübung", die den Ätherkörper stabilisiert. Diese Übung wirkt sich günstig auf die Konzentrations- und Leistungsfähigkeit aus und hilft bei Schwächegefühl, niedrigem Blutdruck, Übersensibilität, Verträumtheit und Zerstreutheit.

Erdung

Diese Übung wird liegend ausgeführt, dabei sind die Handflächen auf den Boden aufgelegt und die Beine leicht angewinkelt, so daß auch die Fußsohlen Bodenkontakt haben.

Mein Körper ist locker und entspannt, und ich nehme mein Eigengewicht wahr. Ich stelle mir vor, auf einer saftigen, grünen Wiese zu liegen. Das Gras bildet ein weiches Polster unter meinem Körper, und ich lasse mich ganz passiv von der Erde tragen.

Ich spüre die Anziehungskraft der Erde. Voller Vertrauen lasse ich mich von Mutter Erde tragen und fühle mich ganz mit ihr verschmolzen.

Nun lasse ich in meiner Vorstellung Wurzeln aus meinen Fußsohlen in die Erde hinunterwachsen, kräftige Wurzeln, die immer tiefer in den Erdboden eindringen und sich verzweigen.

Auch vom Steißbein ausgehend wächst eine dicke Wurzel ins Erdreich hinab, immer tiefer, ebenfalls mit vielen Verästelungen.

Ich fühle mich tief und fest mit der Erde verwurzelt und sauge die erdige Naturkraft durch die Erdwurzeln in mich auf. Kraftvolle Energie strömt durch die Wurzeln in die Füße und fließt die Beine hinauf.

Auch über die Steißbeinwurzel flutet wohltuende, warme Kraft in den Körper.

Mit den Handflächen nehme ich ebenfalls Energie aus der Erde auf.

Besonders deutlich spüre ich die erdige Naturkraft in meinem Rücken. Langsam fließt diese Energie meine Wirbelsäule hinauf, bis zum Scheitelpunkt des Kopfes.

Mein ganzer Körper ist von Lebensenergie erfüllt. Ich fühle mich kraftvoll und selbstbewußt.

Ich behalte das Gefühl, fest und tief mit der Erde verwurzelt zu sein, während ich mit den Gedanken hier eintreffe. Voller Kraft und Energie aktiviere ich meinen Körper und spanne die Muskeln an. Ich fühle mich ganz frisch und wach.

Lichtkörper

Ich visualisiere meinen Ätherkörper weiß leuchtend. Mein physischer Körper ist von diesem heilenden Licht vollständig durchstrahlt, als ob er durchsichtig wäre.

Reinigend und belebend durchstrahlt das blendend weiße Leuchten jede Zelle und erfüllt sie mit Licht. Jede Zelle meines Körpers leuchtet wie eine kleine Sonne.

Die unzähligen Atome des Körpers erstrahlen in diesem Licht wie Sonnenfunken.

Ich bestehe aus purem, strahlenden Licht. Ich leuchte so rein und blendend hell wie die Sonne.

Alle Atome und Zellen sind von diesem gleißenden Sonnenlicht erfüllt, mein Ätherkörper erstrahlt als pure, leuchtende Lebensenergie. Das strahlende Leuchten umhüllt mich hell und schützend. Durch dieses gleißende Licht bin ich gereinigt und geheilt.

Von blendend weißem Licht schützend umhüllt, kehre ich nun innerlich wieder in die Situation hier zurück.

Lichtatmung und Heilung

Ich stelle mir vor, in der Sonne zu sitzen und das Sonnenlicht warm auf der Haut zu spüren.

Innerlich aufatmend öffne ich mich dem warmen, wohltuenden Sonnenlicht. Mit jedem Atemzug nehme ich die Sonnenstrahlen in mich auf, dieses goldene, heilende Leuchten. Ich fühle mich wunderbar gelöst und frei. Mein sonnendurchstrahlter Atem reinigt und erfrischt den ganzen Brustraum; mein Brustkorb ist erfüllt von strahlendem Sonnenlicht.

Nun fließt der leuchtende Atem zum Bauchraum, sonnig und warm. Das behagliche, sonnige Gefühl von Frieden erfüllt den Bauchraum leuchtend und wohlig.

Mit jedem Einatmen fließt pures Sonnenlicht in die Wirbelsäule. Ich atme die Wirbelsäule strahlend hell. Mit jedem weiteren Atemzug leuchtet sie noch heller, bis sie als Lichtsäule erstrahlt.

Nun fließt das Licht mit jedem Atemzug in die Beine bis hinunter in die Füße. Immer heller leuchten die Beine und Füße.

Die leuchtende Sonnenenergie fließt mit dem Atem in die Arme und Hände, bis in die Fingerspitzen.

Nun atme ich das blendend helle Sonnenlicht in die Stirn. Strahlendes Licht erfüllt den Kopf.

Mein Bewußtsein ist hellwach, und meine Gedankenwelt ist auch vom frischen, klaren Leuchten erfüllt.

Ich bestehe ganz aus strahlendem Licht und leuchte wie die Sonne. Es ist ein wunderbar leichtes, freies Gefühl.

(Zusätzlich bei Erkrankung: Ich atme das Licht ganz gezielt in den erkrankten Körperbereich. Mit jedem Atemzug wird dieser Bereich leuchtender und klarer. Immer mehr heilende Lichtenergie fließt in diese Atome, bis der ganze Bereich aus purem, gleißendem Sonnenlicht besteht.)

Ich lasse meine Gedanken wieder hier in der Situation eintreffen. Weiterhin bleibe ich von sonnigem Licht durchstrahlt und bin schützend darin eingehüllt.

Wasserfall aus Licht

Ich stelle mir vor, in einem funkelnden Wasserfall aus flüssigem Licht zu sein. In Gedanken strecke ich mich dieser Dusche aus gleißendem Sonnenlicht entgegen und atme tief durch.

Ich öffne mich dem reinigenden, heilenden Licht. Mit jeder Faser nehme ich es in mich auf, wie eine Blüte, die sich vom Sonnenlicht durchstrahlen läßt. In dieser leuchtenden Lebensenergie bade ich.

Alle Probleme, alles Störende wird von mir abgespült, das sonnige Leuchten durchfließt jede Zelle meines Körpers, und ich fühle mich wunderbar frisch und gereinigt.

Mein Geist ist wach und klar. Ich bin erfüllt von leuchtender, sonniger Lebensenergie. Mein Körper ist kraftvoll und gesund.

Erfrischt und gestärkt kommt mein Bewußtsein hier in der Situation an, dabei bleibe ich durchstrahlt und umhüllt von gleißendem Sonnenlicht.

Selbstvisualisierung im gesunden Zustand

Ich bin wunderbar entspannt und zufrieden und fühle mich richtig wohl in meiner Haut.

Nun lasse ich ein Bild von mir selbst auftauchen, in schöner, sonniger Urlaubslandschaft. Wenn ich mich in dieser Situation betrachte, sehe ich mich lachend und fühle mich glücklich und frei. Ich sehe, wie erholt ich bin, kraftvoll, gesund und voller Energie.

In meiner Vorstellung gehe ich durch die sonnige Landschaft spazieren, lächelnd und gelöst.

Die Sonne scheint, und sanfter Wind weht erfrischend durch mein Haar. Ich betrachte mich, wie ich mit ruhigen, festen Schritten gehe, wach und klar, voller Mut und Selbstvertrauen.

Gestärkt und gutgelaunt treffe ich nun innerlich ganz hier in der Situation ein.

Göttlicher Heilungstempel (nach White Eagle)

In Gedanken rufe ich die beiden Lichtwesen, welche die Menschen zum Heilungstempel geleiten können.

Vor meinem inneren Auge tauchen zwei strahlend helle Lichtgestalten auf, die mich herzlich willkommen heißen. Ich empfinde die zärtliche Liebe, die sie für mich hegen, und fühle mich in ihrer Nähe geborgen.

Nun nehmen sie mich mit zum göttlichen Tempel der Heilung, der in einer sehr hohen, lichtvollen Sphäre liegt.

Ich habe das Gefühl, immer höher hinauf zu schweben und ganz leicht und frei zu sein. Fröhlich und unbekümmert wie ein Kind vertraue ich mich meinen wunderbaren Begleitern an.

Ich spüre die Frische eines Frühlingsmorgens, und vor uns taucht ein luftiger, offener Marmortempel auf, eingebettet in eine saftig grüne Landschaft. Freudiges Vogelgezwitscher erklingt.

Doch bevor wir den Tempel betreten, führen meine strahlenden Heilungsengel mich zu einem klaren Wasserfall, der sich in ein großes Becken aus Stein ergießt. Von dort aus mündet er in einen Bach, der sich silbrig schimmernd durch die grünen Wiesenhügel schlängelt.

Das Wasser im Becken wirkt überirdisch klar und funkelt in den ersten goldenen Strahlen der Morgensonne.

"Es ist das Wasser des Lebens", höre ich meine Begleiter sagen.

Ich streife meine Kleider ab und tauche ein in das leuchtend klare Wasser, das fast so warm wie meine Haut ist. Seidig umfließt mich das klare Wasser, dabei spült es alles Alte, Enge und Störende fort. Herrliche Frische durchflutet mich.

Genußvoll tauche ich ganz ein in diesen Jungbrunnen und schwimme darin. Ich kann nicht widerstehen, einige Schlucke davon zu trinken. Nie zuvor habe ich eine so köstliche Frische in meiner Kehle verspürt, und zugleich solch ein Strömen von Lebenskraft und Energie! In diesem Wasser finde ich die Erneuerung all meiner Zellen und eine tiefe Reinigung und Heilung meines gesamten Wesens.

Nachdem ich vollständig vom Wasser des Lebens durchflutet bin, steige ich wieder aus dem Becken.

Meine Lichtengel empfangen mich mit einem flauschigen, weißen Bademantel, der mich warm und weich umhüllt. Ich bin erfüllt von einer längst vergessenen Lebendigkeit. Frühling durchweht mein Herz, und ich verspüre eine Freude, die mir Flügel zu verleihen scheint.

Morgentau glitzert noch im Gras. Tief atme ich den sanften Frühlingswind und den Duft all der leuchtenden Blüten, die hier im Garten des Tempels wachsen.

Meine Lichtbegleiter führen mich nun in den Marmortempel, dessen große, runde Torbögen sich in alle vier Himmelsrichtungen öffnen.

Ehrfürchtig betreten wir den Tempel mit seiner Aura aus zartem Blütenduft. In seiner Mitte befindet sich ein rundes Wasserbecken, in dem Lotosblüten schwimmen. Zu den Himmelsrichtungen hin sind vier Vertiefungen in den Marmorboden eingelassen, in die man sich hineinlegen kann.

Diese Liegeplätze sind bis zum Rand mit frischen Blütenblättern angefüllt, ein jeder in einer anderen Farbe: Ein Blütenbett ist schimmernd weiß, eines leuchtet in sonnigem Gelb, das nächste enthält Blütenblätter in lichten Blautönen und eines ist voll von Blüten in allen Rosa- und Rotschattierungen.

Auf einem dieser Blütenbetter lasse ich mich nun nieder, wie auf einer zarten, duftigen Wolke.

Nur das leise Plätschern des Wasserfalles und freudige Vogelstimmen sind zu hören. Die goldene Morgensonne durchstrahlt den Tempel mit ihren Lichtreflexen.

Wunschlos glücklich ruhe ich mich in dieser Atmosphäre der Heilung aus und lasse mich vom Licht und Duft dieses paradiesischen Ortes durchströmen. Mein Körper fühlt sich wohlig warm und ganz leicht an. Meine Haut duftet nach Blüten. Das erlösende Gefühlt von tiefem Frieden erfüllt meine Seele.

Schließlich berühren mich meine meine beiden leuchtenden Heilungsengel ganz sanft, um mich wieder in meine Welt zurückzubringen. Mit einem Lächeln hüllen sie mich in ihr strahlend weißes Licht und helfen mir, ganz hier in die Situation zurückzukehren.

Gruppenheilung - Sonnenlotos

Stellen wir uns vor, zusammen eine weißte Blüte darzustellen, dabei ist jeder von uns ein Blütenblatt.

Wir bilden eine Knospe, die sanft und warm vom goldenen Sonnenlicht beschienen wird. Ganz allmählich öffnen wir uns gemeinsam den goldenen Sonnenstrahlen.

Unsere Knospe entfaltet sich im herrlichen, leuchtenden Strom der Lebensenergie, die von der Sonne ausstrahlt. Hingebungsvoll öffnen wir uns der warmen Sonne und blühen auf. Wir bilden nun eine leuchtend weiße Lotosblüte, deren durchscheinende, zarte Blätter in der Sonne schimmern.

Mit einem tiefen Atemzug trinken wir das sonnige Leuchten und lassen uns bis ins tiefste Innere davon durchströmen. Das sonnige Licht wirkt wunderbar reinigend und erfrischend. Jeder von uns ist leuchtend, rein und frisch.

Wir bilden eine strahlende, weiße Lichtblüte, die wunderschön duftet.

Langsam schließen wir uns wieder zur weißen, leuchtenden Lotosknospe, bis sich die Spitzen unserer Blütenblätter zart berühren.

Gruppenheilung - Lichtkreis

Wir stellen uns vor, im Sonnenschein zu baden, wie in einem gleißenden, funkelnden Wasserfall. Ein leuchtender goldener Strom aus Sonnenenergie durchflutet uns, als seien wir durchsichtig.

Das strömende, sonnige Licht wirkt wunderbar reinigend und befreiend, alles Störende wird davon weggespült. Mit einem tiefen Aufatmen öffnen wir uns dem funkelnden Lichtstrom noch mehr. Wir sind kristallklar, leicht und strahlend hell.

Nun werden wir uns unserer Gruppe bewußt, und jeder empfindet sich als Teil dieses lichtdurchfluteten Kreises. Wir bleiben in der Vorstellung des herabstrahlenden Sonnenlichts und bilden einen Trichter für den golden funkelnden Lichtstrom.

Nun läßt jeder von uns diesen goldenen, heilenden Lichtstrom durch das eigene Herz-Chakra zum Nachbarn auf der linken Seite strahlen. Jeder bildet einen Kanal, eine Quelle des Lichts. Dabei visualisieren wir, wie das strahlende Licht den Nachbarn zu unserer Linken sanft und heilend durchflutet, als sei er transparent. In unserer Vorstellung sehen wir diese Person gutgelaunt, lächelnd und voller Energie.

Wir umgeben unseren Nachbarn mit einer schützenden, blendend weißen Lichthülle.

Unsere Gruppe bildet nun einen strahlenden Lichtkreis, den das Licht im Uhrzeigersinn durchfließt. Jeder von uns strahlt Licht aus und empfängt Licht. Wir heilen einander. Konzentrieren wir uns noch eine Weile auf unseren strahlenden, fließenden Lichtring.

Bevor wir unsere Bildmeditation beenden, bedanken wir uns in Gedanken liebevoll bei unserem Nachbarn zur Rechten, der uns die ganze Zeit mit Licht durchstrahlt hat. Vielleicht schenken wir ihm in Gedanken eine schöne Blume.

Schließlich kommt jeder wieder ganz in sich selbst an. Wir spüren den Körper deutlich. Jeder ruht in sich selbst wie in einer leuchtenden Oase der Stille.

Das Bewußtsein ist hellwach, und jeder kehrt innerlich wieder ganz in die Situation hier zurück. Wir fühlen uns tief erholt, strahlend, gutgelaunt und voll frischer Kraft.

Meditationen zur Intensivierung und Erweiterung des Bewußtseins

Betrachtungen zu Bewußtsein und "Wirklichkeit"

Nehmen wir Situationen und Begebenheiten einmal aus der Perspektive wahr, daß sie uns belehren und wir aus ihnen lernen sollen. Diese Sichtweise läßt uns alle Lebensumstände als eine Funktion im Sinne der Bewußtwerdung begreifen, die sich über unvorstellbar große Zeiträume erstreckt.

Situationen existieren demnach als funktionale Reaktionsmechanismen, wobei unser Umfeld entweder den inneren Bewußtseinszustand reflektiert, oder eine Konstellation erzeugt, die der Transformation des Bewußtseinszustandes dienen soll, was auch gleichzeitig der Fall sein kann. Eine Begebenheit verfolgt den Zweck, auf den inneren Zustand einzuwirken und die geistige Entwicklung anzuregen, mit dem Ziel, Klarheit des Bewußtseins, geistige Kraft und Liebe zu erwecken.

Um diese Qualitäten zu entfalten, durchlaufen wir unzählige Konstellationen, die inszenierten Theaterstücken gleichen. Und ebenso wie Theaterstücke besitzen sie keine unabhängige, eigenständige Realität, sondern entstehen aus unseren Emotionen, die ihnen eine bestimmte, subjektive Wertigkeit und Bedeutung verleihen. So produziert unsere Innenwelt diese Resonanzen, Reflektionen und Widerstände als Therapeutikum oder Korrektiv.

Der östliche Begriff des "Karma" beschreibt diesen Mechanismus ähnlich - unser Bewußtseinszustand, unsere Gefühle, Gedanken, Worte und Taten setzen Ursachen, welche längerfristige Wirkungen erzeugen, die zum Urheber zurückkehren. Diese Auswirkungen stellen allerdings keine "Vergeltung" oder "Bestrafung" dar, sondern lediglich Wechselwirkungen, die uns korrigieren, helfen und dem Wachstum dienen.

In diesem Zusammenhang besitzen Schmerz und Leid die wichtige Funktion der Klärung und Intensivierung des Bewußtseins. Stets beinhaltet Schmerz eine große Chance der ·Reifung und der Erkenntnis der Prioritäten. Schmerz vermag "die Seele zu erwecken", die sich häufig aus den alltäglichen, materiellen "Wichtigkeiten" in eine Art Dämmerschlaf zurückgezogen hat. Wie kein anderer Zustand kann das von uns so gefürchtete Leiden uns zu größerer Bewußtheit führen, uns einfühlsamer, liebevoller und dankbarer machen. Aber auch jede andere Problematik begegnet uns als Aufforderung, als Herausforderung und Lernhilfe.

Daher besteht die Möglichkeit, jede Situation als Informationsquelle zu nutzen. Identifiziert man die Kausalität, die Ursache und Funktion der Begebenheiten, kann man auf die Ursächlichkeit im eigenen Inneren direkt einwirken, statt gegen eine unabänderliche Situation zu rebellieren. Akzeptiert man die eigene Verantwortung an der Situation, dann vermag man über den eigenen Bewußtseinszustand Einfluß auf sie auszuüben und wirkt auf den Ursprung ein, ohne vergeblich an den Symptomen und Folgeerscheinungen zu arbeiten.

So gesehen sind Schicksale und Lebenssituationen Äußerlichkeiten, welche Informationen und deutbare Symbole enthalten, Spiegelungen der eigenen Entwicklung.

Erst wenn man die Fähigkeit erlangt hat, innere Distanz zu den Geschehnissen einzunehmen und überpersönlich zu empfinden, d.h. selbstlos zu lieben und freimütig zu geben, haben die äußeren Umstände ihre Bestimmung erfüllt. Indem man von Ereignissen, Beziehungen und Dingen unabhängig wird, erlangt man wahren, tiefen Frieden, inneres Glück und Harmonie. Das Bewußtsein wird als alleinige Wirklichkeit erkennbar. Von da an vermag ein Mensch im Zustand der Klarheit und Freiheit zu leben und das "Spiel der Welt" mit Gelassenheit zu betrachten. Dann ist das individualisierte Bewußtsein mit dem göttlichen Bewußtsein verschmolzen.

Die weiteren Kapitel dienen einer solchen Bewußtseinserweiterung. Die Meditationen vermögen Impulse zu geben, uns aus den Verstrickungen der Alltagswelt mit ihren Problemen und Emotionen zu lösen und mit dem eigenen innewohnenden göttlichen Selbst in Verbindung zu treten. Lasse "Deine Welt" einmal los und erahne in Dir Freiheit und Göttlichkeit.

Bewußtseinsintensivierung

Selbstfindung

In der wohligen Entspannung fühle ich mich friedlich und warm. Die Stirn- und Augenpartie ist entspannt und angenehm frisch und kühl.

Alle Gedanken gleiten weit weg, und in mir eröffnet sich ein ganz weiter Innenraum. Ich erspüre den Raum, den ich mit bewußtem Sein ausfülle.

Wohltuende Stille und Klarheit erfüllen meinen inneren Raum, und ich bin vollkommen wach. Ich ruhe in mir selbst wie in einer weiten, leuchtenden Oase der Stille.

In mir selbst finde ich den Raum und die Klarheit, mich zu erkennen. Ich spüre mein "Ich bin" - mein Bewußtsein. Nichts anderes nehme ich mehr wahr, als nur mein eigenes bewußtes Sein.

Deutlich fühle ich wieder die Form und das Gewicht meines Körpers. Hellwach und erfrischt aktiviere ich die Muskeln und strecke mich. Ich bin kraftvoll und selbstbewußt.

Innere Lichtwelt

Mein Körper ist wohlig warm, und mein Bewußtsein ist wach und klar.

Meine Aufmerksamkeit ist auf meinen Innenraum gerichtet, den Raum, den ich nicht nur mit meinem Körper, sondern auch mit Bewußtsein und Geist ausfülle. Ich erkunde die Ausdehnung, die Weite und Höhe meines Bewußtseinsraumes. Wie groß ist dieser Raum?

Mein Geist erfüllt meinen Innenraum mit Klarheit und Wachheit. Nun gebe ich meiner Innenwelt eine Farbe, die ich als angenehm empfinde.

Ich versuche, mein "Ich" im Innenraum zu orten. Wo ist mein Bewußtsein, meine "Ich-bin"-Empfindung am stärksten wahrnehmbar?

Mein "Ich-Gefühl" bildet einen leuchtenden Punkt oder Ball in meiner Innenwelt. Dieser Leuchtpunkt durchstrahlt mein Inneres wie eine kleine Sonne und läßt die Farbe meiner inneren Welt sonnig aufleuchten.

Ich ruhe in mir wie in einer leuchtenden Oase der Stille.

Weiterhin ruhe ich warm und geborgen in mir selbst, während meine Gedanken wieder hier in der Situation eintreffen.

Kopf als Sonne

Ich nehme nur meine innere Stille und die gesammelte Kraft meiner Konzentration wahr. Diese Konzentration lenke ich genau auf den Mittelpunkt meines Kopfes.

Ich stelle mir dieses Zentrum im Inneren des Kopfes als kleinen Lichtfunken vor. Dieser Lichtfunke ist gleißend hell wie eine Sonne und durchstrahlt den Innenraum meines Kopfes.

Der Lichtfunke wird allmählich größer und wächst an zur Größe einer Erbse, dann zur Größe einer Murmel. Mit tiefer Ruhe beobachte ich, wie sich dieser blendend helle Lichtball weiter ausdehnt zur Größe eines Tennisballes.

Strahlend klares Licht erfüllt den Kopf. Die kleine Sonne wächst weiter an, bis sie den ganzen Kopf ausfüllt und vom Kopf ausstrahlt.

Mein Kopf ist eine Sonne aus strahlendem Licht. Ich genieße den wunderbar klaren, leuchtenden Zustand meines Bewußtseins.

Hellwach komme ich innerlich in der Situation hier an.

Kundalini - Lichtmeditation

Ich stelle mir vor, daß am Ende des Steißbeins ein Lichtfunke aufzuleuchten beginnt, strahlend hell wie eine kleine Sonne.

Dieses Lichtzentrum schwebt nun in meiner Wirbelsäule aufwärts und läßt dabei die Wirbelsäule aufleuchten. Während die strahlende Lichtkugel immer höher in meiner Wirbelsäule emporgleitet, verwandelt sie diese in eine gleißend helle Lichtsäule.

Meine Wirbelsäule erstrahlt vom Steißbein bis zum Hinterkopf in weißem Licht.

Ich spüre das Lichtzentrum an meinem Hinterkopf. Dann gleitet es in das Zentrum meines Kopfes. Mein Kopf erstrahlt von innen heraus wie eine Sonne. Mein Bewußtsein ist von blendend hellem Licht erfüllt.

Die kleine Lichtkugel befindet sich nun in meiner Stirn; das reine, weiße Licht durchstrahlt die Stirn und die Augen.

Allmählich gleitet das Lichtzentrum hinauf zum höchsten Punkt meines Kopfes, dem Scheitel. Mit einem Gefühl der Erleuchtung und Bewußtseinserweiterung spüre ich, wie mein Scheitelpunkt als Sonne erstrahlt. Ich verweile in diesem lichtvollen, klaren Bewußtseinszustand.

Mein ganzes Wesen, mein Selbst leuchtet auf in Reinheit und in tiefem Frieden. Das Licht dieses Friedens umhüllt meinen Körper von Kopf bis Fuß.

Die Lichtsonne in meinem Scheitel gleitet hinab zum Hinterkopf; dann schwebt sie langsam meine leuchtende Wirbelsäule hinunter. Schließlich kommt der Lichtfunke wieder am Ende des Steißbeins an.

Von wunderbarem Licht erfüllt und mit klarem, wachem Bewußtsein tauche ich gedanklich in meiner äußeren Umgebung auf. Dabei fühle ich mich wohlig umhüllt von duftendem Frieden.

Kontemplation "Bewußtsein"

Ganz behaglich lasse ich mich in die tiefe Ruhe hineinsinken wie in ein warmes, duftendes Schaumbad.

Ich fühle mich vollkommen wohl und löse mich ganz aus meiner persönlichen Situation.

Stirn und Augenpartie sind kühl und frisch. In der inneren Stille werde ich zunehmend wacher und klarer. Nun sammle ich meine Konzentration in der Stirnmitte.

Meine gesamte Aufmerksamkeit ist auf die Frage gerichtet: "Wer bin ich?" Diese Frage wiederhole ich beständig. Unbeirrbar forsche ich nach der Antwort.

Nun widme ich mich mit der gleichen Intensität der Frage: "Was ist Bewußtsein?" Die Antwort versuche ich im Erleben meines eigenen Bewußtseins zu finden.

Ich tauche ein in die Wahrnehmung meines "Ich-Bin"-Gefühls. Mit aller Konzentration erforsche ich die Essenz meines eigenen Seins. Ich erkenne mein innerstes Selbst.

Zentrierung

In tiefer Entspannung konzentriere ich mich auf die Stirn und den oberen Kopfbereich.

Ich nehme nichts als mein eigenes Bewußt-Sein wahr. Mein Bewußtsein ist Teil des allgegenwärtigen, unendlichen Bewußtseins.

In Gedanken wiederhole ich immer wieder die Affirmation: "Ich bin reines, ewiges Sein."

Bewußtseinserweiterung

Die Übungen zur Bewußtseinserweiterung erfordern Deine besondere Konzentration; sie sollten wach und aufmerksam durchgeführt werden, ohne daß die Gedanken abschweifen. Löse Dich zuerst aus Deiner Alltagswelt, von Deiner persönlichen Situation, Problematik, Stimmung, von Deinen Gefühlen, Wünschen und Gedanken, bis Du frei bist, Dich ganz auf die geistige, überpersönliche Ebene einzustimmen. Die erste der folgenden Übungen unterstützt diesen Prozeß des Loslassens und die Einstimmung auf reines Bewußtsein.

Bewußtseinserweiterung (I)

Ich bin wohlig entspannt und genieße die Wärme meines Körpers und den sanften Frieden, der mein ganzes Wesen erfüllt.

Von allen Gedanken, die mich noch beschäftigen, löse ich mich. Ich löse mich auch von allem Wollen, von allen persönlichen Belangen. Später kann ich wieder in meine persönliche Situation eintauchen, doch jetzt tauche ich auf, hinauf in höhere Ebenen meines Bewußtseins.

Der Kopf ist ganz frei und wach. Meine Stirn ist erfrischend kühl und ich werde zunehmend wacher. Mein Bewußtsein ist vollkommen still und klar.

Ich denke einmal an die unendliche Weite des tiefblauen Kosmos. Dieser unvorstellbar große Raum des Sternenhimmels erstreckt sich über meinem Kopf. Der Geist dehnt sich aus in diese Weite. Mein Bewußtsein ist völlig frei und grenzenlos. Immer weiter dehnt sich mein Bewußtsein aus bis in die Tiefen des Universums, in dem zahllose Sterne, Planeten, Sonnen und Galaxien aufleuchten.

Ein strahlendes Licht durchdringt meinen Geist, reines, weißes Licht, das mich aus Raum und Zeit befreit. Ich selbst bin reines, weißes Licht, frei von Raum und Zeit, unendlich und ewig.

Ich bin pures, bewußtes Sein. Nun ruhe ich in meinem Bewußtsein, in meinem "Ich bin". Ich bin göttliches Bewußtsein.

Jetzt spüre ich wieder meinen Körper, vom Kopf bis zu den Fußsohlen. Deutlich nehme ich mein Eigengewicht wahr. Mein Atem fließt sanft und gleichmäßig.

Ich bleibe im Zustand des klaren, wachen Bewußtseins und aktiviere die Muskeln kräftig. Einige Male spanne ich fest durch, strecke mich und atme tief.

Bewußtseinserweiterung (II)

Zunächst lenke ich meine Aufmerksamkeit einmal nach unten - hinab zur Erde. Das Element "Erde" symbolisiert Stabilität und bodenständige Kraft.

Die Erde trägt mich fest und zuverlässig. Ich vertraue mich "Mutter Erde" an und lasse mich von ihr tragen. Dabei verbinde ich mich mit der Erde, spüre die Schwerkraft und mein eigenes Gewicht.

Ich bin so fest mit der Erde verwachsen, als hätte ich Wurzeln, die kilometerweit in die Erde hinunterreichen. Wie alle Lebewesen der Erde bin auch ich Teil dieses riesigen Planeten mit seinem grünbewachsenen Land, seinen weiten Wüsten und seinen schimmernd blauen Ozeanen.

Jeder Atemzug verbindet mich mit dem Element Luft, mit der Klarheit des blauen Himmels und der Frische des Windes. Ich atme die Weite und Freiheit des Himmels.

Nun visualisiere ich unsere Erde als riesigen Ball, samtig grün und opalisierend blau, der majestätisch seine Bahn durch den tiefblauen Kosmos zieht, in Stille und Klarheit.

Zwischen Venus und Mars umrundet die Erde die warme, lebensspendende Sonne, von der sie angezogen wird.

Mein Bewußtsein dehnt sich immer weiter aus bis in die Tiefen des nachtblauen Sternenhimmels. In der Weite meines Bewußtseins funkeln die Sterne des Universums. Diese kosmische Unendlichkeit erfüllt mein Bewußtsein mit tiefer Stille und Klarheit.

Ich lenke mein Bewußtsein zurück auf unser Sonnensystem und sein Zentrum, unsere golden strahlende Sonne. Von ihrem warmen, lebensspendenden Licht lasse ich mich durchfluten.

Mein Bewußtsein richtet sich wieder freudig und liebevoll auf den Planeten Erde. Mein Körper bildet eines ihrer vielen, winzigen Lebewesen.

Nun nehme ich meine körperliche Form wahr, mein Eigengewicht und die feste Verwurzelung mit der Erde. Erfrischt und voller Energie aktiviere ich den Körper ganz kräftig.

Meditation "Liebe"

Ich fühle mich vollkommen wohl und zufrieden. Warm und geborgen ruhe ich in mir selbst wie in einer leuchtenden Oase des Friedens.

Ich denke über "Liebe" nach. Was ist Liebe? Erinnere ich mich an das Gefühl "von ganzem Herzen zu lieben"? Wann habe ich zuletzt Liebe verspürt?

Kann ich mir Liebe als Farbe vorstellen? Hat Liebe einen Klang oder einen Duft?

Ich lasse mein ganzes Wesen von Liebe erfüllen. Dabei erlebe ich freudige Liebe..., strahlend glückliche Liebe..., zärtliche Liebe..., beschützende Liebe..., heilende und tröstende Liebe...

Mein Herz leuchtet sonnig, voller Wärme und Freude. Ich bin reine Liebe.

Nun genieße ich einfach das Gefühl von Glück und Freiheit im Zustand der Liebe.

Meine Gedanken treffen wieder hier im Raum ein und ich bleibe erfüllt von sonniger Liebe. Ich fühle mich geliebt und von Liebe schützend und warm umhüllt.

Wanderung durch die Lichtsphären

Ich öffne mein Bewußtsein für die leuchtenden Sphären des Göttlichen.

Zunächst trete ich in die Sphäre wunderbaren Friedens ein. Mein Wesen wird von einem sanften, friedlichen Gefühl erfüllt. Ich fühle mich befreit, leicht und heiter.

Nun gelange ich in eine Sphäre der Reinheit, der Stille und Klarheit. Frische durchweht mich. Ich bin gereinigt und erfrischt.

Mein Bewußtsein ist vollkommen wach und klar. Ich gleite in eine lichtvolle Sphäre göttlicher Unendlichkeit. Mit jedem Atemzug atme ich grenzenlose Weite und Freiheit.

Mir eröffnet sich die Sphäre golden funkelnder Freude. Ein warmes, sonniges Leuchten strömt in mich ein. Ich befinde mich in der Sonne goldener göttlicher Liebe; hier bin ich von Liebe durchstrahlt und von Liebe umhüllt.

Ich bleibe in diesem wunderbaren Bewußtseinszustand, während meine Gedanken wieder in meiner Umgebung und Situation eintreffen.

Sonne der Liebe

Ich stelle mir vor, durch eine schöne, sonnendurchstrahlte Landschaft zu wandern.

Es weht ein sanfter, warmer Wind aus Richtung der Sonne. Voller Freude breite ich die Arme aus und öffne mich dem warmen, goldenen Sonnenschein.

Die Sonne durchstrahlt mich leuchtend. Warmer Wind, der aus der Sonne zu kommen scheint, durchweht mich sanft. "Goldener Sonnenwind", denke ich und habe das Gefühl, ganz leicht und durchlässig zu sein.

Die goldenen Sonnenstrahlen durchwehen mich wie ein Hauch flirrender Goldpartikel.

Es ist die göttliche Liebe, die mich so warm und golden durchweht. Gott liebt mich.

In mir erstrahlt auch eine goldene, warme Sonne der Liebe. Ich fühle mich sehr glücklich und freudig.

Es ist wunderbar, die warme Sonne der Liebe in meinem Brustraum zu spüren, golden und leuchtend.

Mit diesem sonnigen Gefühl der Freude und Leichtigkeit komme ich innerlich nun wieder hier in der Situation an.

Scheitel-Chakra-Meditation

Ich fühle mich friedlich und warm. Die Stirn ist kühl und frisch, und ich bin wach und klar.

Ich stelle mir eine leuchtend weiße Blütenknospe auf meinem Kopf vor. Diese Blüte ist mein Scheitel-Chakra, der tausendblättrige Lotos.

Eine Aura aus violettem Licht erstrahlt über meinem Kopf und umgibt die Lotosblüte.

Ganz allmählich öffnet sich die Blüte, und ich nehme die unendliche kosmische Weite wahr, die sich über mir erstreckt. Mein Bewußtsein erweitert sich und dehnt sich nach oben aus.

Immer weiter öffnet sich die weiße, schimmernde Blüte meines Scheitel-Chakras, und ich erlebe ein wunderbares Gefühl der Weite und Freiheit. Mein Geist ist eins mit dieser sternendurchfunkelten Weite des Kosmos.

Nun öffnet sich die reine, weiße Lotosblüte weit, um das Licht der Sonne aufzunehmen. Ein sanfter, goldener Lichthauch durchweht meine Gedankenwelt.

Mein Kopf ist leuchtend klar und wach. Mein Geist, mein Bewußtsein ist grenzenlos.

Ich fühle mich eins mit dem göttlichen "Ich-Bin", das alle Wesen beseelt.

Über meinem weiß leuchtenden Scheitel-Chakra schwebt ein Lichtpunkt, eine kleine Sonne aus dem Licht des göttlichen Geistes. Mein Bewußtsein bleibt mit diesem Lichtpunkt verbunden.

Ich komme mit den Gedanken wieder in der Situation hier an und spüre meinen Körper. Augen und Stirn sind frisch und kühl.

Mein Körper fühlt sich wohlig warm an. Erdige Naturkraft fließt in mein Basis-Chakra und ich bin fest mit der Erde verbunden. Abschließend aktiviere ich den Körper kräftig von Kopf bis Fuß.

Kontemplation "Geist"

In der tiefen Entspannung lasse ich alle Gedanken los, so daß mein Kopf ganz frei und wach ist.

Ich spüre meine innere Stille und Weite. Das Bewußtsein ist vollkommen rein und klar, wie die Luft auf einem hohen Berggipfel.

Während ich mich auf meine Wachheit konzentriere, widme ich meine Aufmerksamkeit dem Begriff "Geist". Was ist das, "Geist"?

Ich beobachte, wie sich mein Geist mit dem Begriff "Geist" beschäftigt.

Konzentriert versuche ich, meinen eigenen Geist bewußt wahrzunehmen und zu erkennen.

Mantra-Meditation "OM"

Ein Mantra ist eine Klangsilbe aus dem indischen Sanskrit von heiliger Bedeutung.

Das Singen, Sprechen und Denken eines solchen Mantras stimmt die Schwingung des materiellen Körpers und der feinstofflichen Ebenen auf die göttliche Kraft und Harmonie ein. Dies ermöglicht eine tiefe geistige Ruhe, in der das Bewußtsein frei von Gedanken ist und sich zu erweitern vermag.

Aufgrund dieser beruhigenden und klärenden Wirkung auf den Geist ist die Mantra-Meditation besonders für jene hilfreich, die sich aus gedanklichem Streß und allgemeiner Unruhe lösen möchten.

Das Mantra "OM" gilt als der kraftvolle Urlaut der Schöpfung, als Klang Gottes, der beispielsweise im Brausen der Meeresbrandung oder im rollenden Donner eines Gewitters erklingt.

Laß in der tiefen Entspannung den Klang "OM" auftauchen. Wiederhole das Mantra "OM" immer wieder, indem Du es zunächst singst oder summst, dann in Gedanken singst oder es langgezogen durch die Gedanken klingen läßt.

Dein Geist spielt mit der Klangsilbe "OM". Sowie die Gedanken abschweifen, kehrst Du jedesmal gelassen zum "OM" zurück.

Atem-Mantras

Bei dieser Meditationsform wird ein Satz während des Ein- und Ausatmens rhythmisch wiederholt.

Dadurch wird die Atmung harmonisiert und die Gedankentätigkeit kommt vollständig zur Ruhe, so daß das Atem-Mantra seinen Inhalt auf den feinstofflichen Ebenen entfalten kann.

Wählt man ein bildhaftes Atem-Mantra, ist es einfacher, die Aufmerksamkeit darauf gerichtet zu halten, außerdem wirkt das Bildsymbol zusätzlich heilend und durchlichtend.

Atem-Mantra "Liebe und Heilung"

Ich visualisiere, daß ich warmes, goldenes Sonnenlicht einatme und der ganze Brustraum davon durchstrahlt ist. Beim Ausatmen stelle ich mir mein Herz-Chakra als goldene Morgensonne vor, aus der mein Atem wie leuchtender Wind ausströmt.

Mein Mantra zu dieser Visualisierung lautet "Goldener" ... während des Einatmens, und.... "Sonnenwind" während des Ausatmens.

Atem-Mantra zur Christuszentrierung

Beim Einatmen denke ich das Wort "Christus" und öffne mich seiner Gegenwart; während des Ausatmens visualisiere ich mein Herz-Chakra golden strahlend und denke das Wort ..."-Sonne"

Atem-Mantra der Inspiration

Ich sammle meine Aufmerksamkeit im oberen Kopfbereich, dem Scheitel.

Über meinem Kopf visualisiere ich einen strahlenden Lichtball, eine kleine Sonne. Von dieser Sonne dringt ein heller Lichtstrahl in meinen Scheitel ein.

Ich intensiviere diese Verbindung nun mittels der Atmung. Während des Einatmens lenke ich meine Aufmerksamkeit auf den Lichtball und denke dabei die Worte: "Weißes Licht"..., beim Ausatmen denke ich: ...des göttlichen Geistes"; dabei stelle ich mir vor, wie ein blendend heller Lichtstrahl in den Kopf hinabflutet.

Ich bin von Lichtbewußtsein erfüllt. Mein Kopf ist frisch und klar.

Nun nehme ich meinen Körper wieder wahr und spüre seine Wärme und sein Eigengewicht. Tiefe Wurzeln dringen von meinem Basis-Chakra aus in die Erde und trinken die frische, erdige Naturkraft.

Ich bin wach und voller Energie. Schließlich aktiviere ich den Körper kräftig.

Weitere Atem-Mantras

Einatmen	Ausatmen

"Ich bin .... göttliches Bewußtsein"
"Göttliches .... Heilungslicht"
"Liebe .... und Frieden"
"Kosmischer .... Lebensstrom"
"Himmlischer .... Frieden"
"Ich bin geliebt .... Ich liebe"

Lasse Dich zu Deinem ganz persönlichen Atem-Mantra inspirieren und entwickle dazu eine bildhafte Vorstellung oder ein Gefühl. Die Atem-Mantra-Meditation stellt eine sehr intensive Methode dar und sollte zehn bis dreißig Minuten lang durchgeführt werden. Der Atem fließt dabei angenehm tief und ruhig.

Meditationen zur Einstimmung auf das Göttliche

Viele, die von bewußter Sehnsucht nach dem Göttlichen und dem Streben nach eigener geistiger Entfaltung erfaßt sind, suchen nach Inspiration und nach Mitteln und Wegen, diese Entfaltung zu unterstützen - von Edelsteinen über Astrologie, Tarot, Bach-Blütentherapie, spirituelle Musik, esoterische Bücher etc.

So hilfreich diese Mittel sein mögen, sind sie von ihrer Wirkung jedoch nicht mit der Meditation und der Kraft des konzentrierten Gebets vergleichbar. Alle Hilfsmittel bleiben oberflächlich, wenn man nicht das Wesentliche erkennt und in die Praxis umsetzt: Diszipliniertes, konstruktives Denken und Fühlen, regelmäßige Meditation und die Bemühung, sich an jedem Ort und in jeder Situation auf das Göttliche einzustimmen.

So einleuchtend dies klingt, so schwierig ist es mitunter, diese Selbstdisziplin aufzubringen. Häufig sind es die eigenen Wünsche oder Bindungen und Abhängigkeiten, sowie die unterschiedlichsten Emotionen, die im Vordergrund stehen und das "göttliche Bewußtsein" verdrängen.

Insbesondere die folgenden beiden Meditationen sollen dabei helfen, diese begrenzende Selbstbezogenheit, Abhängigkeiten und negativen Eigenschaften loszulassen und im Göttlichen aufzulösen. Führe diese Meditation mehrmals durch, bis sich die befreiende Wirkung entfaltet.

Transformation im Göttlichen (I)

Ich lasse in meiner Vorstellung einmal meinen "Schatten", also eine meiner negativen Eigenschaften (z.B. Aggression, Eifersucht oder Selbstmitleid) auftauchen. Es taucht die Erinnerung an die Situation auf, in der ich mich von dieser Eigenschaft beherrschen ließ.

Mit meiner ganzen Intensität wende ich mich an Gott in der mir vertrautesten Form. Eindringlich bitte ich um göttliche Hilfe und Befreiung.

Reines, göttliches Licht durchstrahlt nun die Situation, so daß ich mitsamt meinem Verhalten von diesem gleißend weißen Licht erfüllt werde.

Das reinigende Licht dringt tief in meine Aura ein und tritt an die Stelle der negativen Eigenschaft. Mit einem tiefen Aufatmen übergebe ich die Verhaltensweise an Gott.

Als würde ich und die Situation transparent, durchstrahlt mich das weiße, göttliche Licht. Es löst die Situation auf und befreit mich von der negativen Eigenschaft.

Noch eine Weile überlasse ich mich dem herrlich befreienden, wohltuenden Licht.

Ich danke für die Hilfe, die mir zuteil wurde. Und ich fühle mich leicht und strahlend hell.

Mit einem Gefühl der Reinheit komme ich innerlich wieder in der Situation hier an.

Transformation im Göttlichen (II)

Wohlig lasse ich mich in tiefen Frieden sinken. Ich bin von Stille erfüllt, von wohltuender, heilender Stille.

Der unendliche Ozean der göttlichen Gegenwart berührt mich. Ich spüre, wie die befreiende göttliche Weite mich umarmt.

Gott berührt mein Herz und erfüllt mich mit jedem Atemzug. Der göttliche Geist durchstrahlt meinen Scheitel.

Ich öffne mich der göttlichen Allgegenwart, indem ich innerlich die Worte wiederhole: "Gott, durchstrahle mein Denken."

Als nächstes wiederhole ich: "Gott, erfülle mein Fühlen." Dabei vertraue ich mich Gott an.

Schließlich wiederhole ich: "Gott, durchwirke mein Wollen." Ich gebe mich Gott hin, ohne jeden Vorbehalt; ich überlasse mich Gott vollständig.

Wenn ich eine bestimmte Eigenschaft, z.B. eine Sucht, Depression, Jähzorn oder Eifersucht auflösen möchte, so stelle ich mir jetzt vor, wie das Bewußtsein Gottes diesen Bereich durchdringt. Ich löse mich von dieser Angewohnheit und gebe sie an Gott.

In Gedanken sage ich mehrmals: "Gott, mögest Du an die Stelle dieser Eigenschaft treten."

Dankbar verweile ich im wohltuenden Bewußtsein Gottes. Ich überlasse mich der wunderbaren und heilenden göttlichen Allgegenwart.

Meine Gedanken kommen wieder in der Situation hier an. Ich visualisiere meine feste Verwurzelung mit der Erde. Nun aktiviere ich meinen Körper kräftig.

Christus-Meditation

Ganz tief sinke ich in den wohligen, inneren Frieden.

Ich stelle mir vor, durch eine flache, weite Wüstenebene zu wandern. Sanfter Wind umfließt mich seidig, so daß die Wärme angenehm ist.

Ich blinzele gegen das helle Sonnenlicht und bemerke, daß mir eine Person entgegenkommt. Vom blendenden Sonnenlicht umstrahlt kommt die große, kraftvolle Gestalt eines jungen Mannes in hellem Gewand auf mich zu.

Während ich eine Hand über die Augen halte, um gegen das gleißende Sonnenlicht schauen zu können, kommt die großgewachsene Gestalt immer näher. Sein schulterlanges, goldbraunes Haar weht leuchtend im Wind. Ich kann bereits sein freundliches, klares Gesicht erkennen. Und auch ich gehe weiter auf ihn zu.

Nun bin ich bei ihm angelangt. Ich sehe sein liebevolles Lächeln und schaue geradewegs in seine strahlenden, humorvollen Augen. Es ist Jesus.

Seine wunderschöne Ausstrahlung von Frische und Klarheit durchweht mich. Himmlischer Frieden umgibt ihn.

In seiner Aura werde ich gereinigt und geheilt.

Mein Herz leuchtet warm und freudig. Ich fühle seine Liebe... ich bin bedingungslos geliebt.

Von Wärme und Freude erfüllt lenke ich mein Bewußtsein wieder auf meine Umgebung. Seine Liebe umhüllt mich weiterhin schützend.

Buddha-Meditation

Ich bin ganz ruhig und wohlig entspannt. Meine Augen und meine Stirn sind kühl und frisch. Wohltuende Ruhe erfüllt meinen Geist.

Meine Aufmerksamkeit richtet sich auf mein Scheitel-Chakra. Leuchtend entfaltet sich die Lotosblüte meines Scheitel-Chakras und öffnet sich der unendlichen Weite des Universums.

In diesem kosmischen Raum taucht die Vision Buddhas auf. Ich schaue seine golden schimmernde Gestalt im Lotossitz, von einer leuchtend violetten Aura umhüllt und von funkelnden Sternen umgeben.

In Meditation versunken, verkörpert Buddha heiligen Frieden und kosmische Bewußtheit. Ehrfürchtig lege ich ihm in meiner Vorstellung eine weiße Lotosblüte zu Füßen.

Buddha berührt mein Bewußtsein und durchstrahlt meinen Geist. Ich erlebe tiefe Stille und Reinheit.

Mein Geist vermag sich immer weiter auszudehnen in diese befreiende, kosmische Weite und durchdringt das

tiefblaue, sternendurchfunkelte All. Mein Geist atmet Ewigkeit und Unendlichkeit.

Ich fühle mich eins mit der heiligen Gestalt Buddhas, mit
seinem tiefen Frieden und seinem göttlichen, grenzenlosen
Bewußtsein.

Diese Stille und Reinheit erfüllen mein innerstes Sein jetzt
und für alle Zeiten.

Während ich meine Gedanken wieder hier in der Situation
eintreffen lasse, bleibe ich mir dieses inneren Zustandes
bewußt. Ich atme tief und ruhig.

Mein Basis-Chakra ist fest mit der Erde verwurzelt und ich
spüre, wie die frische, erdige Naturkraft in mich hinauf-
strömt. Schließlich spanne ich den Körper kräftig durch.

Kontemplation "Gott" (I)

Mein Körpergefühl ist warm und friedlich. Ich nehme nur das
seidige Fließen meines Atems wahr.

Immer weiter sinke ich in den Zustand tiefer Stille. Mein
Geist ist dabei vollkommen klar und wach.

Ich spüre mein eigenes Bewußt-Sein und versuche, die
Form, Ausdehnung und Größe meines Bewußtseins zu
erfassen. Wo fühle ich mein Bewußtsein am intensivsten?

Was ist Bewußtsein eigentlich? Was ist Geist? Nun lasse ich
mein Bewußtsein und meinen Geist nach Gott forschen,
ganz konzentriert, gesammelt und ruhig.

Was ist "Gott"?

Wo ist "Gott"?

In Gedanken rufe ich nach Gott. Ich bitte Gott, sich mir
zu offenbaren.

Voller Vertrauen öffne ich mich der Antwort. Das Göttliche ist allgegenwärtig und durchdringt mich. Ich verschmelze mit der göttlichen Allgegenwart.

Schließlich komme ich mit meinen Gedanken wieder in der Situation hier an und verbinde mich fest mit der Erde.

Kontemplation "Gott" (II)

Aufatmend lasse ich alle Anspannung los. Erleichtert sinke ich in wohltuenden, tiefen Frieden. Heilende Stille erfüllt mich.

Meine gesamte Aufmerksamkeit richtet sich nun auf Gott aus, und ich versuche, Gott wahrzunehmen.

Mein Geist tastet nach Gott. Ich suche zu erfassen, was Gott ist.

Dabei denke ich an göttliche Eigenschaften wie Frieden... Liebe... Sein... Ewigkeit... Unendlichkeit...

Ich erahne Gottes ewiges, unendliches Sein. Gott ist reiner Geist. Licht. Leben.

Gott ist Freiheit, die man atmen kann. Gott ist Schönheit... Gott ist Lachen..., Gott ist lebendige Kraft...

Gott hat mich erschaffen. Gott beseelt jede Zelle meines Körpers. Mein Leben ist göttliches Leben. Mein Bewußtsein ist Teil des göttlichen Bewußtseins. Mit all meiner konzentrierten Aufmerksamkeit versuche ich, Gott zu erkennen.

Ich spüre meine Verbindung zum göttlichen Geist, der meinen Scheitel hell durchstrahlt.

Gott berührt mein Herz und erfüllt mich mit jedem Atemzug. Gott atmet in mir. Ich öffne der göttlichen Allgegenwart mein Herz, warm und freudig. Gott liebt mich.

Gott umarmt mich mit der unendlichen Weite seiner Gegenwart. Ich selbst bin ewiges, göttliches Bewußtsein.

Bewußt tauche ich ein in den unendlichen Ozean der göttlichen Allgegenwart.

Allmählich spüre ich meinen Körper wieder. Erfüllt von göttlicher Inspiration, verbinde ich mich fest mit der Erde. Voller Energie aktiviere ich den Körper, spanne die Muskeln und strecke mich.

Göttliches Selbst

Mein Körper ist warm und tief entspannt. Meine Aufmerksamkeit gilt dem leichten, seidigen Fließen des Atems.

Ich bin ein wundervolles, göttliches Wesen. Jetzt konzentriere ich mich auf mein zeitloses, göttliches Selbst, auf meine innere Bewußtheit.

Mein göttliches Selbst ist friedlich und schön. Frieden erfüllt mein Denken, Frieden erfüllt mein Fühlen. Meine Gefühlswelt ist warm und liebevoll.

Ich lasse Gott in meinem Herzen erwachen. Der Brustraum ist weit und frei, durchstrahlt von klarem, goldenem Leuchten. Es ist ein Gefühl, als sei die Sonne in mir aufgegangen. Göttliche Liebe strahlt sanft und zärtlich von meinem Herzen aus.

Mein göttliches Selbst erstrahlt in Freude.

Mein Denken ist hell und klar. Über meinem Kopf leuchtet blendend weißes Licht. Dieses reine, geistige Licht scheint in meinen Kopf hinein und läßt auch die Stirn und die Augenpartie aufleuchten.

Gott erleuchtet mein Inneres. Ich erkenne, daß mein Geist aus reinem, göttlichem Licht besteht. Mein ganzes Wesen ist Licht.

Ich verschmelze mit Gott. Mein Bewußtsein ist eingetaucht in die unendlichen Lichtregionen des göttlichen Bewußtseins. Ich bin ein strahlendes, göttliches Lichtwesen.

Mein Bewußtsein bleibt eins mit meinem wahren, göttlichen Selbst.

Ich spüre meinen Körper warm und voller Lebenskraft und aktiviere nun die Muskeln kräftig.

Dies ist eine sehr wirkungsvolle "Invokation", basierend auf der Macht, die dem konzentriert gedachten oder gesprochenen Wort innewohnt.

Anrufung des Lichts

Reines Licht des göttlichen Geistes, Essenz allen Seins.
Allgegenwärtiges, allbewußtes göttliches Licht des Lebens.

Göttliches Licht, aus Dir bin ich erschaffen.
Göttliches Licht, Du erhältst mein Dasein.
Göttliches Licht, Du erfüllst jede Zelle meines Körpers und läßt all meine Atome als Sonnen aufleuchten.

Göttliches Licht, Du erstrahlst blendend weiß in meiner Wirbelsäule und in meinem Kopf.

Göttliches Licht, Du bist die goldene Morgensonne in meinem Herzen.

Göttliches Licht, Du erstrahlst in meinem Geist und erleuchtest mein Bewußtsein.

Allgegenwärtiges göttliches Licht, ich bin eins mit Dir.
Ich bin göttliches Bewußtsein.
Ich bin Licht.
Ich erkenne mein wahres, zeitloses Selbst.
Ich bin ewiges Sein.

Göttliches Licht, möge mich Dein weißer, duftender Frieden liebevoll und schützend umhüllen.

Danke für mein Sein.

Heilungsmeditation
für die Erde

Den Abschluß dieses Buches bildet eine Heilungsmeditation für unsere Erde. Diese Meditation basiert auf dem Prinzip, daß unsere Gedankenenergie eine kreative Kraft ist, welche die materielle Realität sowohl zu erzeugen als auch zu beeinflussen vermag, besonders, wenn sie gezielt angewandt wird.

Durch eine Heilungsvisualisierung verstärken wir die positiven Energien, vor allem die positiven Energien im sogenannten "kollektiven Bewußtsein" der Menschheit. Es werden Eigenschaften wie Verantwortungsbewußtsein, Idealismus, Friedfertigkeit etc. geweckt oder intensiviert.

Arbeiten wir zusammen mit den vielen Meditationsgruppen und einzelnen Meditierenden auf der ganzen Welt, welche regelmäßig diese positive mentale Energie aussenden, um die kreative Kraft der Visualisierung für unsere Welt und unser menschliches Zusammenleben einzusetzen!

Heilungsmeditation für die Erde

Erleichtert atme ich auf und lasse mich in den tiefen inneren Frieden sinken. Ich ruhe wohlig warm und geborgen in mir selbst. Dabei bin ich hellwach und meine Stirn ist kühl und frisch.

Ich sehe unseren Planeten Erde einmal aus der Entfernung. Wie ein großer Ball mit samtig grünem Land, weiten Wüsten und opalisierend blauen Ozeanen dreht sich die Erde um ihre Achse, umhüllt von weißen Wolkenschlieren. Majestätisch zieht unser Planet seine Bahn durch den tiefblauen Kosmos, durch Stille und Klarheit.

Ich visualisiere, wie weißes, geistiges Licht die Erde auf der inneren Ebene durchstrahlt, reines Licht der Liebe und des Friedens.

In diesem Lichtstrahl beginnt die Erde von innen heraus aufzuleuchten wie eine goldene Sonne. Unser wunderschöner Planet ist von einer strahlenden Lichtaura umgeben und läßt sein warmes, goldenes Leuchten in den Kosmos scheinen.

Es herrscht Frieden auf der Erde, und die Menschheit lebt in Harmonie. In jedem Menschen sind Liebe und Hilfsbereitschaft erwacht; sein Geist ist von Licht und Wissen erfüllt. Kreativität und Schönheit entfalten sich überall auf der Welt.

Die Tierwelt lebt glücklich und in Frieden, von den Menschen beschützt und gepflegt.

Die Natur ist gesund; es gibt saftige Wiesen, schöne Blumen und Wälder mit kraftvollen Bäumen. Die Sonne durchstrahlt das frische Grün der Natur heilend und kräftigend.

Ich sehe die Wasser der Erde - die Seen, Flüsse und Meere - schimmernd klar, gesund und voller lebensspendender Energie.

Auch diese klaren Gewässer sind von der Sonne golden durchstrahlt, und ihre Wellen glitzern und funkeln.

Unsere Erde ist eingehüllt in ihre weißschimmernde Sauerstoffatmosphäre, die rein und gesund ist. Die Luft ist kristallklar und frisch.

Unser schöner Planet Erde ist geheilt und beschützt durch die Menschheit. Ich betrachte die Erde im Kosmos - ein leuchtendes Juwel voller Lebenskraft.

Larry Moen

Meditationen
zur Heilung

Die energetisierende Kraft wirkungsvoller Meditationen für die Reise nach innen – zu den Kraftzentren des großen inneren Heilers. Vermittelt von einigen der besten Meditationslehrer und Heiler der Welt.

»Meditationen zur Heilung« entfaltet unsere Selbstheilungskräfte auf vielen Ebenen durch heilende Visionen. Die Meditationen in diesem Buch heilen den Menschen, verändern sein Leben, wirken über das Bewußtsein in das Unterbewußtsein, öffnen die Herzensenergie und berühren den Körper. Diese geführten Meditationen aktivieren auf sanfte, aufbauende Weise, lenken Gedanken bewußt in heilsame Schwingungsfelder und beenden oder transformieren überlebte Reaktionsmuster.

288 Seiten, DM/sFr 24,80
ÖS 194,00 ISBN 3-89385-123-2

Larry Moen

Meditationen zur
Transformation

Eine einzigartige Sammlung von geführten Meditationen

»Meditationen zur Transformation« ist eine einzigartige Sammlung von Meditationen und Traumreisen. Bekannte spirituelle Lehrer und Therapeuten haben ihre besten und wirkungsvollsten Anleitungen beigesteuert. Unter ihnen so populäre Heiler wie Louise Hay, John Bradshaw, Shakti Gawain und Jean Houston. Sie alle haben etwas gemeinsam: sie wollen uns genau die kraftvolle Vision mit auf den Weg geben, die ihnen in ihrem Leben am meisten geholfen hat. Für immer mehr Menschen wird heute Meditation zu einem wichtigen Teil ihres Lebens: loslassen, sich von heilenden Worten zur Mitte, ins Zentrum ihrer Kraft führen lassen, wieder Energie und Lebenskraft tanken.

288 Seiten, DM/SFr 24,80
ÖS 194,00   ISBN 3-89385-122-4